Arnim Tölke

Programmorganisation und indirektes Programmieren für AOS-Rechner

Anwendung programmierbarer Taschenrechner

Band 1   Angewandte Mathematik — Finanzmathematik — Statistik — Informatik für UPN-Rechner, von H. Alt

Band 2   Allgemeine Elektrotechnik — Nachrichtentechnik — Impulstechnik für UPN-Rechner, von H. Alt

Band 3/I   Mathematische Routinen der Physik, Chemie und Technik für AOS-Rechner Teil I, von P. Kahlig

Band 3/II Mathematische Routinen für Physik, Chemie und Technik für AOS-Rechner Teil II, von P. Kahlig

Band 4   Statik — Kinematik — Kinetik für AOS-Rechner, von H. Nahrstedt

Band 5   Numerische Mathematik, Programme für den TI-59, von J. Kahmann

Band 6   Elektrische Energietechnik — Steuerungstechnik — Elektrizitätswirtschaft für UPN-Rechner, von H. Alt

Band 7   Festigkeitslehre für AOS-Rechner (TI-59), von H. Nahrstedt

Band 8   Graphische Darstellung mit dem Taschenrechner (AOS), von P. Kahlig

Band 9   Maschinenelemente für AOS-Rechner (TI-59), von H. Nahrstedt

Band 10   Getriebetechnik — Kinematik für UPN- und AOS-Rechner, von K. Hain

Band 11   Programmorganisation und indirektes Programmieren für AOS-Rechner, von A. Tölke

Band 12   Algorithmen der Netzwerkanalyse für programmierbare Taschenrechner (HP-41C), von D. Lange

Anwendung programmierbarer Taschenrechner

Band 11

Arnim Tölke

Programmorganisation und indirektes Programmieren für AOS-Rechner

Mit 34 Tabellen, 46 Programmsegmenten und 14 Tafeln

Springer Fachmedien Wiesbaden GmbH

CIP-Kurztitelaufnahme der Deutschen Bibliothek

Tölke, Arnim:
Programmorganisation und indirektes Programmieren
für AOS-Rechner/Arnim Tölke. — Braunschweig;
Wiesbaden: Vieweg, 1982.
   (Anwendung programmierbarer Taschenrechner;
   Bd. 11)
   ISBN 978-3-528-04194-6   ISBN 978-3-322-96315-4 (eBook)
   DOI 10.1007/978-3-322-96315-4
NE: GT

1982

ISBN 978-3-528-04194-6

Inhaltsverzeichnis

Vorwort IX

Mathematische Zeichen und Abkürzungen VII

Einleitung 1

1 Das indirekte Programmieren 4

  1.1 Befehle mit indirekter Adresse 7
    1.1.1 Indirekte Speicherbefehle 7
      1.1.1.1 Indirekte Speicherung 8
      1.1.1.2 Indirekter Speicheraufruf 10
      1.1.1.3 Indirekter Speicheraustausch 16
    1.1.2 Indirekte arithmetische Registerbefehle 24
      1.1.2.1 Indirekte Speicheraddition 25
      1.1.2.2 Indirekte Speichersubtraktion 27
      1.1.2.3 Indirekte Speichermultiplikation und -division 28
    1.1.3 Indirekte unbedingte Sprungbefehle 35
      1.1.3.1 Indirekte Sprungbefehle ohne Bedingung (GTO) 36
      1.1.3.2 Indirekter Unterprogrammsprung (SBR) 41
    1.1.4 Indirekte bedingte Sprungbefehle (T-Register-Vergleichstest) 46
      1.1.4.1 Indirekte x = t und x $\geq$ t Tests 47
    1.1.5 *Dsz-Testbefehl (Null-Test) 52
      1.1.5.1 Indirekter Register-*Dsz-Test (Variante 1) 56
      1.1.5.2 Indirekter Adressen-*Dsz-Test (Variante 2) 59
      1.1.5.3 Indirekter Register- und Adressen-*Dsz-Test (Variante 3) 61
    1.1.6 Flag-Setz- und Flag-Nummer-Test-Befehl 62
      1.1.6.1 Indirekte Flag-Setz- und Flag-Rücksetz-Befehle 63
      1.1.6.2 Indirekte Flagtest-Befehle 64
  1.2 Befehle mit indirektem Code 68
    1.2.1 Indirekte Steueroperationen 69
      1.2.1.1 Indirektes alphanumerisches Drucken 69
    1.2.2 Indirekte Festkommaeinstellung 72

2 Der Thermodrucker als Hilfsmittel zur Verbesserung
der Programmorganisation 74

  2.1 Prinzipielle Anwendungsbereiche 74
    2.1.1 Auflisten der Programme und der Konstanten 74
    2.1.2 Parallelbetrieb (Trace-Modus) 74
    2.1.3 Plotten 75
    2.1.4 Ausdruck der vier letzten Schriftzeichen (*Op 06) 78

2.3 Dialog zwischen Rechner und Bediener 84

    2.3.1 Prinzipielle Dialogvarianten 84

    2.3.2 Die praktische Realisierung eines Dialogs 85

2.4 Erzeugen von verschiedenen Druckbildern 88

    2.4.1 Der Vierspaltendruck von Zahlen 88

    2.4.2 Der versetzte Druck 93

3 Einfügen von Programmen aus Solid-State-Software-Steckmoduln 94

3.1 Prinzipielle Gesichtspunkte 94

3.2 Besonderheiten durch belegte Datenspeicher 95

3.3 Der Einbau eines Software-Modul-Programms 95

3.4 Ausbau mit anderen Software-Moduln 98

    3.4.1 Komfortable Ausgabe der berechneten Parameter 98

    3.4.2 Umfangreiche Interpretation durch Symbole 101

    3.4.3 Eingabeerleichterungen 105

4 Ausblick 107

Sachverzeichnis 108

Mathematische Zeichen und Abkürzungen

INT (Int)	Integer, ganzzahliger Anteil einer Zahl
PS	Programmspeicher — allgemein (Befehlsregister). Dient zur Aufnahme der Programmbefehle
PSS	Programmspeicherstelle. Nachfolgende dreistellige Zahl gibt die absolute Adresse an
DS	Datenspeicher — allgemein (Datenregister). Dient zur Aufnahme von Daten. Zwei nachfolgende Buchstaben (dd) gelten als symbolische Adresse. Handelt es sich um absolute Adressen, so wird dies in Form einer zweiziffrigen Zahl angegeben. Die Form ist entweder R_{dd} oder R_{01}
P.Seg.	Abkürzung für das Wort Programmsegment. Eine nachfolgende Zahlenanordnung ermöglicht eine eindeutige Zuordnung zu dem betreffenden Programmabschnitt
Tab.	Abkürzung für das Wort Tabelle.
⟨ ⟩	Inhalt von bzw. Inhalt des. Bezieht sich somit entweder auf eine symbolische oder absolute Datenspeicheradresse
PZ	Programmzeiger
⟨PZ⟩	Inhalt des Programmzeigers
RSR	Rücksprungregister
⟨RSR⟩	Inhalt des Rücksprungregisters
R_A	Anzeigeregister
A	Anzeige (Display)
⟨R_A⟩	Inhalt des Anzeigeregisters, also die vollständige in ihm befindliche Zahl, einschließlich aller Schutzstellen, wie sie tatsächlich im Anzeigeregister gespeichert sind, oft auch als X-Register bezeichnet
⟨A⟩	Inhalt der Anzeige. Also die Zahl, die im Display tatsächlich zu sehen ist
R_I	Indexregister
⟨R_I⟩	Inhalt des Indexregister. Der im Indexregister befindliche Wert wird als Indexvariable bezeichnet
R_I	symbolische Adresse für ein nicht näher gekennzeichnetes Indexregister
I_V	Indexvariable. Zahlenwert, der je nach Befehlssituation als Adresse des DS, PSS oder als Code interpretiert wird
$R_{I\,dd}$	Indexregister mit der symbolischen Adresse dd, bei der es sich in jedem Fall um eine Datenspeicheradresse handelt
Z_V	Zählvariable, oft auch als Laufindex bezeichnet (Wert innerhalb eines *Dsz-Befehls, der die Abbruchbedingung in einem Zyklus steuert)
Adr.	Adresse — allgemein
T	T-Register, erreichbar über den x ⇄ t Befehl
⟨R_T⟩	Inhalt des T-Registers, also der Wert, der sich im T-Register befindet

>Zahl<	absolute Adresse für eine Programmspeicherstelle
>bbb<	nicht näher definierte absolute Adresse (symbolische Adresse
oder:	
PS$_{bbb}$	einer Programmspeicherstelle)
>dd<	nicht näher definierte absolute Adresse (symbolische Adresse eines Datenspeichers
⟨bbb⟩	Inhalt einer nicht näher definierten Programmspeicherstelle (Befehlsregister)
⟨dd⟩	Inhalt eines nicht näher definierten Datenspeichers (Datenregister)
⟨d⟩	Inhalt eines Datenspeichers, der über die Kurzformadressierung noch erreichbar ist
C	Code, der entweder einem bestimmten Befehlstyp folgen muß (zum Beispiel nach *Op 05) oder ein bestimmter Typ einer Indexvariablen, der bei einem indirekten Befehl einen Hinweis auf die auszuführende Funktion gibt

Eindeutige Kennzeichnung des Indexregisters, wenn der gesamte Befehl symbolisch dargestellt wird, zum Beispiel

$$\boxed{R_I \, dd_1}$$

*	Stern. Vor einem Befehl an Stelle der Praefixtaste 2nd
L	Label (Marke), nicht näher definiert. Kann somit eine Programmadresstaste (zum Beispiel E) oder ein allgemeiner Label sein.
:=	fließendes Gleichheitszeichen, lies: „ergibt sich aus'' oder auch „wird ersetzt durch'' (aus). Zum Beispiel b := b + 1, demnach ergibt sich b aus dem ursprünglichen b + 1 oder auch ⟨R$_{01}$⟩ := ⟨R$_A$⟩. Ermöglicht eindeutige Definition eines Befehls.
x	Argument, Zahlenwert
77	Zahl als methodisches Kennzeichen, das erscheint, wenn Endbedingung im P.Seg. Beispiel erreicht ist.
11 oder 12	Zahlen als methodisches Kennzeichen für eine absolute Indexregisteradresse. Sie wird zur eindeutigen Unterscheidung bei einer halbsymbolischen Darstellung eines indirekten Befehls gewählt. Kommen beide gleichzeitig vor, handelt es sich um einen kombinierten indirekten Befehl

Aus methodischen Gründen nachträgliche Kennzeichnung eines in der gedruckten Befehlsliste vorkommenden indirekten Befehls.

Aus methodischen Gründen nachträgliche Kennzeichnung eines kombinierten indirekten Befehls in einer Befehlsliste.

Aus methodischen Gründen nachträgliche Kennzeichnung eines in der gedruckten Befehlsliste vorkommenden Einsprungs in ein Software-Programm. Der in der Klammer erfaßte Ausdruck wirkt wie ein Unterprogramm-Sprungbefehl, dessen Adresse ein Label ist. (Ein- und Rücksprung in und aus ein(em) Software-Programm im Learn-Modus)

| ! | Wenn innerhalb einer gedruckten Speicherbelegung hinter einer Null stehend, soll es symbolisieren, daß dieser Datenspeicher *vor* dem Programmlauf nicht mit einer Konstante belegt ist, aber für das Programm benutzt wird (Arbeitsspeicher, Indexregister, Zählvariable usw.) |
| (!) | bedeutet, daß kein Irrtum vorliegt, auch wenn es im ersten Moment widersprüchlich erscheint. |

Vorwort

Dieses Buch ist ein Lehr- und Übungsbuch, das sich an Leser wendet, die elementare Grundkenntnisse in der Programmierung besitzen, sich aber auf diesem Gebiet vervollkommnen wollen. Deshalb wurde bewußt eine große Anzahl von Übungsbeispielen aufgenommen. Deren Gestaltung und Auswahl macht auch das Nachvollziehen ohne Thermodrucker für alle Besitzer des TI-58, TI-58C und TI-59 möglich. Die Beispiele wurden vor allem nach methodisch didaktischen Gesichtspunkten ausgewählt, was sicher die Einarbeitung wesentlich erleichtert.

Vorrangig und in dieser Breite wohl erstmalig in einer Veröffentlichung erfolgt die Erläuterung und Demonstration einer indirekten Programmierung. Um dem Leser ein sicheres, selbständiges „Vorwärtsschreiten" in diesem Spezialgebiet der Programmierung zu ermöglichen, werden fast alle mit einem AOS Rechner realisierbaren, indirekt ausführbaren Befehle demonstriert. Bekanntlich wird diese Programmierungsart in der Bedienungsanleitung für derartige Rechner nur kurz erwähnt. Vergleichsbeispiele und deren Erläuterungen demonstrieren im Buch die Besonderheit der indirekten Befehle, zeigen aber auch gleichzeitig die neuen Möglichkeiten und Vorteile, die sich bei wohl überlegtem Anwenden daraus ergeben. Als Ergebnis entstehen in erster Linie kürzere Programme.

Ein sicheres Handhaben der indirekten Programmierung setzt aber eine exakte Definition der oft völlig verschiedenartig wirkenden indirekten Befehle voraus. Diese müssen wiederum so einfach gewählt sein, daß sie auch Leser verstehen, die nicht über umfangreiche Kenntnisse der Mathematik verfügen. Hierzu dient eine besondere Symbolik, die in ihrer Aussagekraft und Prägnanz in jahrelanger eigener Lehrtätigkeit des Autors entwickelt wurde. Sie wurde in Lehrveranstaltungen, Vorlesungen und Seminaren immer wieder auf ihre leichte Umsetzbarkeit in konkrete Programme bzw. deren Kontrolle überprüft und ausgefeilt. Diese gewählte Darstellungsform ermöglicht es deshalb auch den Benutzern anderer programmierbarer Taschenrechner, selbst aus der UPN-Taschenrechnerfamilie, sich die hierfür erforderlichen Grundkenntnisse aus diesem Buch zu erwerben. Hierzu muß nur die Taste mit dem Symbol Ind vorhanden sein.

Bewußt aufgenommene, relativ einfach zu überschauende Programmbeispiele und andersartig programmierte Varianten zeigen aber auch, daß die indirekte Programmierung nie Selbstzweck sein kann und darf. Deshalb stehen ständig ökonomische Überlegungen im Vordergrund, ob nicht beispielsweise die Kürze eines Programms mit zu hoher Laufzeit bezahlt werden muß.

Ein weiterer Abschnitt beschäftigt sich mit dem Thermodrucker und zwar speziell unter dem Gesichtspunkt, ihn in Zukunft stärker als bisher zur Verbesserung der Programmorganisation einzusetzen. Vielfach ist eine derartige angestrebte Zielsetzung erst dann erreichbar, wenn dabei Befehle — besonders die Organisationsbefehle — indirekt programmiert sind. Dies ist anschaulich zu erkennen, wenn auf dem relativ schmalen Thermodruckpapier von der herkömmlichen Form abweichende Druckbilder erzeugt werden sollen, wie zum Beispiel der versetzte Druck oder der Vierspaltendruck. Aber auch das Durchführen eines zwar begrenzten, aber doch recht sinnvollen Dialogs zwischen Rechner und Bediener gehört hierher. Die Eingabe der Anfangsparameter wird dadurch nicht nur wesentlich erleichtert, sondern vor allem auch irrtumssicherer gemacht.

Für viele Besitzer eines TI-58, TI-58C oder TI-59 gibt es am Anfang gewisse Schwierigkeiten zu überwinden, wenn die fest verdrahteten Programme aus den Solid-State-Software-Steckmodulen in ein eigenes Programm einzubauen sind. Einen programmierbaren Taschenrechner zu besitzen, aber seine großartigen Möglichkeiten nicht voll auszuschöpfen, käme einem Fahrer gleich, der sein Kraftfahrzeug nur im ersten oder zweiten Gang fährt. Vergleiche hinken, so auch sicher hier.

Der dritte Abschnitt des Buches ist deshalb u.a. als Starthilfe für denjenigen Leser gedacht, der noch Hemmnisse bei dem zielstrebigen Anwenden der Modul-Programme zu überwinden hat. Dabei wurden Programmbeispiele aus verschiedenen Anwendungsbereichen und unterschiedlichen Modulen ausgewählt, die die großen zusätzlichen Möglichkeiten nur erahnen lassen und natürlich die eigene Übung nicht ersetzen können.

Der Autor hat beim Schreiben dieses Buches viel Vergnügen gehabt, denn in der hier angesprochenen Weise zu programmieren, bedeutet nicht nur die nüchterne reale Anwendung ständig als Ziel vor Augen zu haben, sondern auch die Fertigkeit zur modernen Knobelei zu entwickeln, und dadurch in der Freizeit Spannung und Entspannung zugleich zu erleben. Auch in diesem Sinne ist dem Leser Anregung und Erfolg beim Durcharbeiten dieses Buches zu wünschen. Vorschläge, die das hier skizzierte Anliegen verbessern helfen, werden gerne entgegen genommen. Dem Verlag Vieweg und Herrn E. Schmitt wird für die angenehme Zusammenarbeit gedankt.

Neuenhagen, im Dezember 1981   Dr. *Arnim Tölke*

X

Einleitung

Der Leser wird vielleicht mit den im Buchtitel genannten Begriffen keine eindeutige Vorstellung verbinden. Das wäre durchaus verständlich, auch wenn er schon längere Zeit intensiv mit einem programmierbaren AOS-Rechner erfolgreich arbeitet. Denn in der Bedienungsanleitung und in der weiterführenden Literatur wird darauf nur kurz am Rande oder überhaupt nicht eingegangen. Daraus könnte sehr leicht der vorschnelle Schluß gezogen werden, als handle es sich bei diesem Sachverhalt um nicht so Wissenswertes. Genau das Gegenteil ist der Fall. Eine Programmierung ohne Ausnutzung der Möglichkeiten, bestimmte Adressen indirekt in einen Befehl einzubauen, wofür sich allgemein der Begriff indirekte Adressierung oder indirekte Programmierung eingebürgert hat, bedeutet, die ungeahnten Möglichkeiten, die ein programmierbarer AOS-Rechner dem Benutzer bietet, nur teilweise auszuschöpfen. Ohne schon an dieser Stelle auf Einzelheiten eingehen zu wollen, sei vor allem darauf verwiesen, daß diese Art der Programmierung Möglichkeiten bietet, die Programme um ein Vielfaches kürzer zu gestalten. Programme oder zumindest Programmteile, die indirekt adressierte Befehle enthalten, weisen eine gewisse Eleganz auf. Ihr hervorstechendes Merkmal ist ihre Komplexität. Ein Nachteil ist ohne Zweifel, daß ein Fremdanwender mehr Zeit für die Analyse des Programms beansprucht. Vielfach führen Kritiker bei der Einschätzung der indirekten Programmierung an, daß sich die Laufzeit eines Programms mit indirekten Befehlen ganz erheblich erhöht. Das stimmt nachweislich nicht in jedem Fall, wie reale Zeitvergleiche bei der Definition der Befehle beweisen werden. Indirektes Programmieren ist ein professionelles Arbeitsmittel, um die Kapazitäten des Rechners voll auszuschöpfen.

Die nachfolgende Feststellung mag im ersten Augenblick absurd erscheinen, aber auch in der Programmierung erscheint es durchaus berechtigt zu sein, von einem Programmstil zu sprechen, und bei exakt ausgeführter Analyse findet diese Feststellung ihre volle Bestätigung. Jeder einzelne Benutzer wird mit der Zeit zwangsläufig einen eigenen Stil entwickeln. Programme werden ja heute nicht mehr ausschließlich nur zur Anwendung im Beruf geschrieben, sondern eine immer größer werdende Anzahl von Benutzern findet auch Freude, Spannung und Entspannung bei dieser modernen schöpferischen Gedankentätigkeit, die ihre eigenen „Spielregeln" besitzt. Eine gewisse prinzipielle Ähnlichkeit mit dem Schachspiel drängt sich dabei unweigerlich auf, denn auch das Programmieren erfordert eine hohe gedankliche Konzentration, bedingt durch das Denken in Varianten und das Voraussehen der Konsequenzen, die dem ersten Schritt zwangsläufig folgen. Denn bei jedem zu lösenden Problem bieten sich immer mehrere Lösungen in Form von unterschiedlichen Programmen an, deren viele zum Ziel führen, wenn auch auf verschiedenen Wegen. Die indirekte Programmierung gezielt und gekonnt eingesetzt, erweitert die Vielfalt der prinzipiellen Möglichkeiten noch um ein Vielfaches und schafft oft verblüffende, ja fast könnte man versucht sein zu sagen, überraschende Lösungen.

Indirekte Programmierung ist natürlich nicht Selbstzweck. Ihre vorrangige Bedeutung hat sie in der Programmorganisation. Dieser sonst allgemein nicht häufig benutzte Begriff im Zusammenhang mit Programmen hängt vorrangig mit den auf einem AOS-Rechner fest verdrahteten Organisationsbefehlen zusammen. Das Wechselspiel zwischen ihnen und weiteren arithmetischen Befehlen und manchmal auch die Ausführung von Programmanipulationen ist erst imstande, den Komfort eines Programms voll zu erbringen, angefangen vom Start eines Programms, der Eingabe der variablen Werte bis hin zur Ausgabe entweder über das Display in der Anzeige oder bei angeschlossenem Thermodrucker in Form eines übersichtlichen gut interpretierbaren Druckbildes. Irgendjemand hat einmal bezogen auf die Durchführung von Veranstaltungen gesagt, daß Organisation immer dann vorliegt, wenn sie nicht bemerkt wird. In diesem Sinn könnte auch der Begriff Programmorganisation verstanden werden. Der Begriff Organisation ist im wesentlichen definiert als planmäßige Ordnung und bezogen auf die Programmierung als Anordnung der Befehle und des gesamten Aufbaus des Programms mit dem Ziel, einen sinnvoll gestalteten Ablauf zu erreichen. Das Organisationsniveau ist in einem Programm umso höher, je stärker der gesamte Ablauf sich weitestgehend aus sich selbst vollzieht. Kriterium für eine Programmorganisation innerhalb eines Programms ist deshalb der erforderliche Aufwand, der notwendiger Weise von dem Bediener während des Programmstarts und dem eigentlichen Lauf betrieben werden muß. Ein gut organisiertes Programm dürfte demgemäß auch bei der Abarbeitung durch einen Zweiten, nicht weiter in das Programm Eingeweihten, keinerlei Schwierigkeiten bereiten. Die schriftlich fixierten Bedienungshinweise sollen so kurz und so eindeutig wie nur irgendmöglich sein. Hierbei realisiert ein angeschlossener Thermodrucker die Möglichkeit eines programmierten Dialogs zwischen Bediener und Rechner und nimmt einen sehr hohen Stellenwert ein.

Eine derartige Zielsetzung kommt zwangsläufig mit Forderungen, die im Zusammenhang mit der Programmoptimierung gestellt werden, mehr oder weniger stark in Kollision, da sowohl der Aufwand beim eigentlichen Programmieren als auch die anschließende Abarbeitung durch den Rechner ihren Tribut in Form eines Zeitfaktors fordern. Anliegen dieses Buches ist es deshalb auch, durch eine Vielzahl von Übungsbeispielen den Leser für das Realisieren seiner Programmorganisation sicherer zu machen. Diesem Ziele dienen in einigen Fällen auch angebotene Prinziplösungen. Beides zusammen mag anregen und vielleicht auch befähigen, daß der Programmierer für ähnliche Probleme in der Zukunft ein kürzeres Zeitvolumen in Anspruch nehmen muß. Auf die eigentliche Laufzeit des Rechners kann bei einer derartigen Programmgestaltung nur bedingt Einfluß genommen werden. Hier wird jeder Einzelne seinen ihm angemessenen Kompromiß eingehen müssen.

Zur Programmorganisation gehört aber auch der Ein- und Ausstieg in Software Programme aus den Solid-State-Software-Steckmodulen und damit das Ausschöpfen der großartigen zusätzlichen Programmreserven für individuelle Programme. Bei der stofflichen Darlegung steht dabei das Wie eindeutig im Vordergrund. Auch der sinnvolle Einbau in eigene Programme, die sich aus den lieferbaren Programmpaketen ergeben, sei in diesem Zusammenhang genannt.

Auf eine Besonderheit sei noch verwiesen. Um Druckfehler beim Programmlisten in jedem Fall zu vermeiden, wurden alle Programmbeispiele mit dem Thermodrucker PC-100 aufgelistet, also so wie es sich in der Fachliteratur aus gutem Grund immer mehr durchsetzt. In der Regel sind die in der rechten Spalte befindlichen Drucksymbole mit denen, die sich auf den Tasten bzw. oberhalb davon befinden, identisch[1]. Abweichungen ergeben sich bei einigen Befehlssymbolen, die eine indirekte Adressierung zur Folge haben. Sie sind daran erkennbar, daß sie die ersten zwei Buchstaben des eigentlichen Befehlssymbols noch enthalten. Als drittes Symbol folgt meist ein Sternzeichen (*). Erhebliche Abweichungen ergeben sich bei bedingten Sprungbefehlen (Tabelle 1). Soll im Text zur Erläuterung eines Sachverhalts ein Befehlssymbol wiedergegeben werden, erfolgt dies in der Darstellung wie auf der Rechnertaste. Dabei wird, wie es sich allgemein durchgesetzt hat, ein Stern (*) an Stelle der Präfixtaste 2nd geschrieben, also z.B. *OP statt ausführlich 2nd $\frac{Op}{9}$.

VI

Drucksymbol	Tastenfolge		Drucksymbol	Tastenfolge		Drucksymbol	Tastenfolge
A – E	[A] – [E]		ILOG	[INV] [2nd] [log] †		RCL	[RCL]
A' – E'	[2nd] [A] – [2nd] [E]		IND	[2nd] [Ind]		R/S	[R/S]
ADV	[2nd] [Adv]		INS	siehe Anmerkung unten		RST	[RST]
BST	siehe Anmerkung unten		INT	[2nd] [Int]		RTN	[INV] [SBR]
CE	[CE]		INV	[INV]		SBR	[SBR]
CLR	[CLR]		IPD*	[INV] [2nd] [ ] [2nd] [ ] †		SIN	[2nd] [sin]
CP	[2nd] [CP]		IP/R	[INV] [2nd] [P→R] †		SM*	[SUM] [2nd] [Ind]
CMS	[2nd] [CMs]		IPRD	[INV] [2nd] [ ] †		SST	siehe Anmerkung unten
COS	[2nd] [cos]		ISBR	[INV] [SBR] †		ST*	[STO] [2nd] [Ind]
DEG	[2nd] [Deg]		ISIN	[INV] [2nd] [ ] †		STF	[2nd] [StF]
DEL	siehe Anmerkung unten		ISM*	[INV] [SUM] [2nd] [Ind] †		STO	[STO]
DMS	[2nd] [D MS]		ISTF	[INV] [2nd] [ ] †		SUM	[SUM]
DSZ	[2nd] [Dsz]		ISUM	[INV] [SUM] †		TAN	[2nd] [tan]
EE	[EE]		ITAN	[INV] [2nd] [ ] †		WRT	[2nd] [Wrt]
ENG	[2nd] [Eng]		Ix̄	[INV] [2nd] [x̄] †		X ⇄ T	[x⇄t]
EQ	[2nd] [x=t]		IXI	[2nd] [|x|]		X²	[x²]
EX*	[2nd] [ ] [2nd] [ ]		IYˣ	[INV] [yˣ] †		x̄	[2nd] [x̄]
EXC	[2nd] [Exc]		LBL	[2nd] [Lbl]		IXI	[2nd] [|x|]
FIX	[2nd] [Fix]		LNX	[ln x]		1/X	[1/x]
GE	[2nd] [x≥t]		LOG	[2nd] [log]		√x	[√x]
GO*	[GTO] [2nd] [Ind]		LRN	siehe Anmerkung unten		Yˣ	[yˣ]
GRD	[2nd] [Grd]		LST	[2nd] [Lst]			
GTO	[GTO]		NOP	[2nd] [Nop]		**SYMBOLE**	
I EQ	[INV] [2nd] [x=t] †		OP	[2nd] [Op]		Σ +	
I GE	[INV] [2nd] [x≥t] †		OP*	[2nd] [Op] [2nd] [Ind]		π	
I Σ+	[INV] [2nd] [Σ+] †		PAU	[2nd] [Pau]		)	
ICOS	[INV] [2nd] [cos] †		PD*	[2nd] [ ] [2nd] [Ind]		(	
IDMS	[INV] [2nd] [D MS] †		PG*	[2nd] [ ] [2nd] [Ind]		–	
IDSZ	[INV] [2nd] [Dsz] †		PGM	[2nd] [Pgm]		+	
IFF	[2nd] [Iff]		P/R	[2nd] [P→R]		×	
IFIX	[INV] [2nd] [Fix] †		PRD	[2nd] [Prd]		÷	
IIFF	[INV] [2nd] [Iff] †		PRT	[2nd] [Prt]		=	
IINT	[INV] [2nd] [Int] †		RAD	[2nd] [Rad]			
ILNX	[INV] [ln x] †		RC*	[RCL] [2nd] [Ind]		+/−	

ANMERKUNG: Dieser Befehl ist nur sichtbar, wenn die Taste während der Auflistung eines Programms vorkommt. Da der Tastenkode nicht in den Programmspeicher eingebracht werden kann, wenn man diese Taste druckt, kann der Tastenkode nur ein Rest aus dem Redigieren eines anderen Befehls sein, und muß korrigiert werden.

† nur bei Protokollierung.

1 Das indirekte Programmieren

Nicht genau bekannte Sachverhalte lassen sich meist recht einfach in Form eines Vergleichs erläutern. Einen treffenden Vergleich für eine Programmiermethode zu finden, die indirekt ablaufen soll, ist durch ihre besondere Eigenart nicht ganz einfach. Am treffendsten scheint dies noch mit Hilfe der Erläuterung des in vielen Teilen von Mitteleuropa wohl bekannten Jux möglich zu sein, der die Bezeichnung „Julklapp" trägt. Von Julklapp wird dann gesprochen, wenn zum Weihnachtsfest eine Person entweder einen verschlossenen Briefumschlag oder diesen Umschlag als Geschenkpaket überreicht erhält. In diesem Umschlag befindet sich aber gar nicht das eigentliche Geschenk sondern lediglich ein schriftlicher Hinweis, wo sich die Weihnachtsüberraschung befindet, beispielsweise in Form einer Ortsangabe „Das Geschenk ist im Briefkasten von Herrn Meier aufbewahrt". Wird dann dort gesucht, liegt das Geschenk wirklich an dieser Stelle. Das besondere eines Julklapps besteht also darin, daß das Geschenk nicht direkt sondern erst durch einen zu realisierenden Umweg auffindbar ist. Für diese Verschachtelung ist die Bezeichnung „indirekt" durchaus zutreffend.

Bei der indirekten Programmierung wird ein bestimmter Sachverhalt im Prinzip in ähnlicher Weise verschachtelt und zwar immer dann, wenn bestimmte Befehle bei einem AOS-Rechner mit dem nachfolgenden Drücken der Taste *Ind verknüpft werden, beispielsweise STO *Ind 00. Die der Taste *Ind folgende Adresse ist in jedem Fall eine absolute Adresse eines Datenspeichers. Dieser in dem indirekten Befehl angegebene Speicher wird zur eindeutigen Unterscheidung der anderen Speicher als Indexregister bezeichnet. Seine symbolische Abkürzung ist R_I. Bei den AOS-Rechnern kann innerhalb eines Befehls jeder Datenspeicher die Funktion eines Indexregisters übernehmen. Das Indexregister ist somit frei wählbar. Die Besonderheit besteht nun darin, daß seine einmal in einem indirekten Befehl innerhalb eines Programms festgelegte absolute Adresse während des Programmablaufs sich in keinem Fall ändern läßt.

Der im Indexregister gespeicherte Parameter wird Indexvariable (I_V) genannt.

$I_V := \langle R_I \rangle$ (lies: Die Indexvariable ergibt sich aus dem Inhalt des Indexregisters)

Der Zahlenwert — unter Umständen auch eine Null — der Indexvariablen besitzt je nach Befehlsart eine unterschiedliche Bedeutung, wobei die Indexvariable (I_V) entweder als

- Adresse einer Programmspeicherstelle
  $\rangle PSS_{bbb} \langle := I_V := \langle R_I \rangle$

- Adresse eines Datenspeichers
  $\rangle DS_{dd} \langle := I_V := \langle R_I \rangle$

- zweiziffriger Code einer Operation oder Operationsteils
  $C := $ Einer- und Zehnerstelle der I_V
  $I_V := \langle R_I \rangle$

interpretiert wird.

INDIREKTER BEFEHL — er besteht aus:

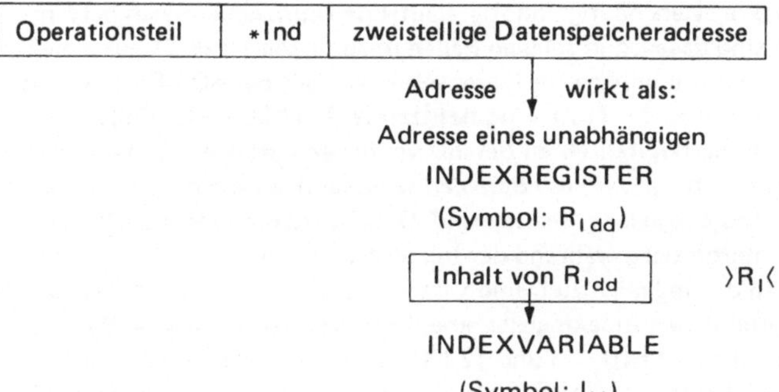

Sie ist ein Wert, der im Indexregister gespeichert ist und wird je nach
Operationsteil interpretiert als:

- absolute Adresse eines Datenspeichers (dd)

$$\rangle dd\langle \ := \langle R_I \rangle$$

- absolute Adresse einer Programmspeicherstelle (PSS)

$$\rangle bbb\langle := \langle R_I \rangle$$

- absolute Adresse eines Datenspeichers, in der sich eine Zählvariable
  (Laufindex) befindet

$$\rangle Z_V\langle \ := \langle R_I \rangle$$
$$Z_V \ := \langle Z_V \rangle$$

- Code für die Ausführung von Steueroperationen

$$C := \langle R_I \rangle$$

Eine weitere Besonderheit des Inhalts des Indexregisters besteht nun darin, daß sein Wert, also
die Indexvariable

- Bestandteil des eigentlichen Befehls ist (Adresse oder Code)
- durch andere Befehlsfolgen innerhalb des Programms im aktuellen Wert fortlaufend verändert
  werden kann und somit wiederum den eigentlichen Befehl in gewisser Weise modifiziert.

Eine mit *Ind verbundene Befehlskombination ist dadurch gekennzeichnet, daß deren Ausführung nie direkt erfolgt, sondern indirekt über die im Befehl enthaltene Datenspeicheradresse (Indexregister). Dieser Datenspeicher R_I fungiert nur als Aufbewahrungsort für die Indexvariable. Somit entscheidet die I_V *wo oder womit* etwas geschieht und nicht etwa die Adresse des Indexregisters, denn bei einem indirekten Befehl ist die angegebene Datenspeicheradresse nur mittelbar wirksam. Unmittelbar wirkt dagegen der Inhalt, der sich in dieser Datenspeicheradresse R_I befindet.

Erlaubt es der Programmablauf, kann ein bestimmter Datenspeicher durchaus innerhalb eines Programms in verschiedenen indirekten Befehlen zwei oder auch weitere Male als Indexregister eingesetzt werden. Allerdings ist dann bei der Programmierung eine gute Übersicht über den jeweiligen Inhalt — also den aktuellen Wert der Indexvariablen — erforderlich. Für diesen Zweck wird dann sehr oft R_{00} benutzt. Ein großer Vorteil der AOS-Rechner sei noch besonders herausgestellt, nämlich die Möglichkeit, jeden Datenspeicher vorübergehend als Indexregister einrichten zu können unabhängig

von seiner absoluten Adresse. Bei genügender Speicherkapazität ist deshalb die soeben beschriebene
Doppelbelegung eines einzigen Indexregisters häufig unnötig. Laufende Umspeicherungen bei einigen UPN-Modellen (HP 67, HP 97) sind dagegen in solchen Fällen unabdingbar, weil sie nur ein einziges Indexregister besitzen. Diese oft umständliche Verfahrensweise entfällt bei AOS-Rechnern in
jedem Fall. Der AOS-Rechner muß lediglich die Taste *Ind besitzen (z.B. TI-58, -58C, -59).

Die sehr leistungsstarken kombinierten indirekten Befehle verdienen besondere Erwähnung.
Von ihnen gibt es einige. Von kombinierten *indirekten Befehlen* wird dann gesprochen, wenn in einem einzigen Befehlskomplex zwei Indexregister enthalten sind. Dabei wird die Indexvariable des
einen R_I als Datenspeicheradresse interpretiert, während der Inhalt des zweiten Indexregisters eine
Programmspeicheradresse enthält. In den lediglich zu Demonstrationszwecken dienenden Programmsegmenten erhalten die beiden erforderlichen Indexregister eines kombinierten indirekten Befehls
zur deutlichen Unterscheidung die Adresse 11 ($R_{I\,11}$) und 12 ($R_{I\,12}$). In besonderen Fällen ist es
natürlich durchaus auch möglich, daß beide Indexregister eines „Kombinations-Registerbefehls" einmal die gleiche Adresse aufweisen können.

Der eigentliche große Vorteil einer indirekten Programmierung ergibt sich durch die schon
kurz erwähnte Möglichkeit, den Inhalt eines oder mehrerer Indexregister im Laufe eines Programms
zielstrebig zu verändern. Dies setzt aber voraus, daß ein Zyklus — in dem sich ein indirekter Befehl
befindet — mindestens zwei- bis dreimal durchlaufen wird. Erst dann lohnt der erforderliche zusätzliche Aufwand, in deren Folge eine ständige Veränderung im gesamten Programmablauf entsteht,
dessen Umfang zusätzlich durch die Anzahl der unterschiedlichen indirekten Programmbefehle entscheidend bestimmt wird. Ist diese Grundbedingung erfüllt, verbessert sich durch diese Art der Programmierung die gesamte Programmorganisation entscheidend oder in manchen Fällen läßt sie sich
erst mit einer vertretbaren Anzahl von Befehlen überhaupt realisieren. Dabei sei aber noch einmal
daran erinnert, daß der eigentliche Grundcharakter jedes einzelnen im Programm enthaltenen indirekten Befehls sich im Programmablauf nicht (!) ändern läßt. Beispielsweise kann aus einer indirekten Speicherung (STO * Ind dd) kein indirekter Speicheraustausch (*Exc*Ind dd) modifiziert werden[2].

Zum besseren Verständnis wurde vor der eigentlichen Behandlung der vielen unterschiedlichen indirekt ausführbaren Befehle der eigentliche Grundbefehl noch einmal kurz definiert und
seine Wirkungsweise sogar in einigen Fällen mittels eines Beispiels demonstriert. Diese Form soll
den Lesern — die sich in gewisser Hinsicht noch in der Einarbeitungsphase befinden — ein zeitaufwendiges Nachblättern in der Bedienungsanweisung bzw. in anderen Buchtiteln ersparen. Falls auf
diesem Gebiet keine Wissenslücken vorliegen, kann dieser Abschnitt ohne Informationsverlust vom
Leser übergangen werden.

Autoren, die Bücher über Programmierung schreiben, suchen wohl alle immer wieder erneut
nach einer Form, die prägnant und gleichzeitig anschaulich und verständlich für den Leser ist. Dies
muß im besonderen Maße für einen Buchtitel gelten, der einen in vielen Fällen komplizierteren Inhalt — wie es ohne Zweifel die indirekte Programmierung ist — zum Gegenstand hat. Für die Auswahl von Symbolen und Abkürzungen gibt es zwar keine Normvorschriften oder Vereinbarungen
aber durch Gewohnheit doch schon fast zum Standard gewordene Zeichen. Wenn in diesem Buch
in einigen Fällen davon abgewichen wurde, dann bewußt und einzig aus Gründen der besseren Verständlichkeit. Hierbei werden vor allem mnemotechnische Gesichtspunkte (im Volksmund allgemein als Bauen von Eselsbrücken bekannt) ausgenutzt. Vielleicht wird der schon erfahrene Programmierer am Anfang mehrere Male über die für ihn ungewohnten Symbole und Abkürzungen

---

[2] Aus diesen Gründen könnte ein erfahrener Programmierer einer Groß-EDV-Anlage bei dem gewählten Begriff
„Indexregister" gewisse Bedenken anmelden, denn hier ist mittels Indexregister eine Befehlsmodifikation möglich. Die gewählte Bezeichnung für AOS-Rechner muß also unter dieser Einschränkung gesehen werden.

stolpern, sich dann aber sehr schnell umstellen können. Für den „Neuling" auf diesem Gebiet wird diese in vielen Jahren der eigenen Lehrtätigkeit praktizierte Form eine nicht unwesentliche Erleichterung zur Einarbeitung in dieses spezielle Stoffgebiet sein und es ihm bald ersparen, in der Tabelle für Symbole und mathematischen Zeichen nachblättern zu müssen.

Bei der symbolischen Darstellung eines indirekten Befehls wird zur eindeutigen Kennzeichnung die Adresse des Datenspeichers, die als Indexregister dient, zusätzlich zum vereinbarten Symbol R_I eine doppelte Umrahmung erhalten. Beispiel: $\boxed{\boxed{R_I}}$

Es gibt eine Reihe von Möglichkeiten, Befehle in ihrem Wirkungsgrad zu erweitern und damit neue Anwendungen zu finden, die ursprünglich vom Hersteller nicht konzipiert sind und sich deshalb nicht unmittelbar auf dem Tastenfeld realisieren lassen und auch in der Bedienungsanleitung nicht erläutert sind. Hierzu gehört unter anderen der HIR-Befehl (von Hierarchie) und die Ausnutzung aller Datenspeicher für den *Dsz-Befehl. Programmanipulation ist hierfür die allgemein übliche Bezeichnung. Die in einigen Abschnitten beschriebene Eingabe-Methode im Learn-Modus erscheint etwas umständlich, besitzt aber gegenüber anderen Methoden eine absolute Sicherheit, vor allem in Bezug auf die richtige Abspeicherung der nachfolgenden Adresse, die bei einem indirekten Befehl immer als Komplex unmittelbar nacheinander gemeinsam eingegeben werden muß. Dies ist auch bei nachträglicher Korrektur einer derartigen Adresse zu beachten. Andernfalls erfolgt durch den Rechner eine völlig andere Codierung, die meist erst bei Ausdruck der Befehlsliste sichtbar wird. In Zweifelsfällen sollte nach einer ausgeführten Programmanipulation zumindest dieser Teil des Programms aufgelistet werden.

Da alle Programmsegmente und Programme im Buch mit dem Thermodrucker aufgelistet wurden, könnte der Eindruck entstehen, als wäre zur Nachvollziehung ein Drucker unbedingt erforderlich. Dies ist natürlich nicht der Fall, wenn auch sehr empfehlenswert. Um auch den Nichtbesitzer eines Druckers die Nachvollziehung vorrangig der Programmsegmente zu erleichtern, wurde in den Fällen, wo es nicht zweckmäßig ist, den *Prt-Befehl durch einen R/S-Befehl sondern vielmehr durch einen *Pause-Befehl zu ersetzen, dem *Prt zweimal ein *Nop-Befehl nachgestellt. Dadurch kann der gesamte Teil durch dreimal *Pause ausgetauscht werden. Steht im Programmsegment ein *Prt-Befehl allein, ist dieser dann durch einen *Nop-Befehl zu ersetzen, weil anschließend ein R/S-Befehl schon programmiert ist.

1.1 Befehle mit indirekter Adresse

Diese Gruppe umfaßt alle indirekten Befehle, die im Indexregister der Befehlskombination als Indexvariable entweder eine Datenspeicheradresse oder eine Programmspeicherstelle (PSS) enthalten. Auch kombinierte indirekte Befehle kommen vor.

1.1.1 Indirekte Speicherbefehle

Ihr hervorstechendes gemeinsames Merkmal besteht darin, daß jeweils nur ein Operand auftritt, der im Prinzip keinerlei arithmetischen Operationen unterzogen wird, wobei die oft notwendige und noch zu besprechende Transformierung und Wandlung der Parameter unter programmorganisatorischen Gesichtspunkten zu sehen ist. Indirekte Speicherbefehle sind in ihrer Funktionsweise relativ leicht überschaubar und in ihrer Wirkungsweise äußerst effektiv. Ein wesentlicher Grund für ihre sehr häufige Anwendung innerhalb eines Programms.

Die im Indexregister gespeicherte Indexvariable wird in jedem Fall als Datenspeicheradresse interpretiert. Ist die Indexvariable eine unzulässig große Zahl, die die Speicherbereichsverteilung der Datenspeicher überschreitet, wird dieser Befehl nicht ausgeführt und die Anzeige auf Blinken geschaltet. Die Programmausführung läuft aber weiter. Bei angeschlossenem Drucker wird bei Einfügung eines *Prt-Befehls der Wert mit einem Fragezeichen gedruckt. CE löscht das Blinken.

1.1.1.1 Indirekte Speicherung

Definition des Grundbefehls

Symbolische Darstellung STO dd

$\langle dd \rangle := \langle R_A \rangle$ (lies: der Inhalt des Anzeigeregisters wird zum neuen Inhalt des Datenspeichers R_{dd}). Diese Definition bedeutet gleichzeitig, daß der alte Inhalt von R_{dd} überschrieben wird.

Und: $\langle R_A \rangle := \langle R_A \rangle$ (lies: der Inhalt des Anzeigeregisters ergibt sich aus dem Inhalt des alten Anzeigeregisters). Das bedeutet, daß bei der Abspeicherung — vielfach auch als Transport bezeichnet — der Variablen in (nach) R_{dd} der Inhalt des Anzeigeregisters unverändert bleibt.

Definition der indirekten Speicherung

Symbolische Darstellung: STO *Ind $\boxed{R_{I\,dd}}$

Code: 72 dd

Das Zeitverhältnis zwischen direkten und indirekten Befehl beträgt 100 : 106.

halbsymbolische
Darstellung 1—1

```
000   00    0
001   72  ┌ST*
002   11  └ 11
003   00    0
```

Siehe halbsymbolische Darstellung 1 — 1. Jeder frei wählbare Datenspeicher R_{dd} kann die Funktion des Indexregisters ($R_{I\,dd}$) übernehmen und die in ihm gespeicherte Indexvariable (I_V) wird als Adresse des STO-Befehls interpretiert und diese Adresse nimmt den Inhalt des Anzeigenregisters auf.

Beachte: Die Abspeicherung des Inhalts des Anzeigeregisters erfolgt nicht in dem Datenspeicher, dessen Adresse in der Befehlskombination angegeben wurde (Indexregister), sondern der Rechner entnimmt die richtige Adresse aus dem Indexregister. Ist die Indexvariable einmal Null, erfolgt die Speicherung in R_{00}, andernfalls in den entsprechenden Datenspeichern. Es sei denn, die Adresse des Indexregisters ist mit dem Wert der Indexvariablen identisch.

$$\text{Es gilt also:} \quad \begin{aligned} I_V \;\; &:= \langle R_{I\,dd} \rangle \\ \rangle dd \langle \;\; &:= I_V \\ \langle dd \rangle \;\; &:= \langle R_A \rangle \\ \langle R_A \rangle \;\; &:= \langle R_A \rangle \end{aligned}$$

Die größte Schwierigkeit bereitet demjenigen, der sich in die indirekte Programmierung einarbeitet, zwischen der Adresse dd ($\rangle$ dd $\langle$) und dem Inhalt von dd ($\langle$ dd $\rangle$) zu unterscheiden. Es sei deshalb an dieser Stelle noch einmal daran erinnert, daß entsprechend der prinzipiellen Wirkungsweise eines indirekten Befehls sich die Indexvariable (I_V) immer (!) im Indexregister ($R_{I\,dd}$) befindet. Die Adresse des Indexregisters ist Bestandteil des gesamten indirekten Befehls. Im übertragenen Sinne erfolgt also bei der Befehlsausführung nichts anderes, als daß vorübergehend die Indexvariable mit der von der herkömmlichen Programmierung bekannte, nach dem STO-Befehl folgende, Datenspeicheradresse ausgetauscht wird. Dieser Austausch wird auch als Adressenmodifikation bezeichnet.

Die indirekte Speicherung ist prinzipiell auf unterschiedliche Möglichkeiten zu reduzieren:

- **Prinzip der Indirekten-Einschritt-Speicherung**
  Hierbei erfolgt das Abspeichern des im Anzeigeregister befindlichen Parameters indirekt auf einen Datenspeicher, ohne daß der Zahlenwert verändert wird.

Beispiel: STO *Ind 00. Im Anzeigeregister befindet sich das Argument 3.43. Im Indexregister (im vorliegenden Beispiel R_{00}) ist die Indexvariable eine 11. Nach Ausführung des indirekten Befehls befindet sich 3.43 auf dem Datenspeicherplatz R_{11}.

- Prinzip der Indirekten-Zweischritt-Speicherung
  Bei dieser Abspeicherungsart wird zuerst der Parameter 3.43 ins Indexregister gebracht (STO 00 (!)), dann indirekten Befehl folgen lassen (STO *Ind 00). 3.43 wird Inhalt von R_{03}, weil bei der Ausführung des indirekten Befehls der Teil hinter dem Komma ignoriert wird[3] (siehe Programmsegment 1-1). Dieses Segment ist gut geeignet, sich in die Besonderheiten der indirekten Speicherung einzuarbeiten. Dabei ist es zweckmäßig, nach Ablauf des Programmsegments den Inhalt von R_{00} und durch die Parameterwahl vom Programm automatisch festgelegten Datenspeicher auf ihren Inhalt zu prüfen. Auch die Wirkungsweise bei der Bereichsüberschreitung läßt sich gut überprüfen. Bei der Eingabe einer negativen Zahl wird diese als Null interpretiert[4]. Eine eingegebene negative Zahl wird somit in R_{00} gespeichert.

Programmsegment 1—1

```
000   91   R/S
001   42   STO
002   11    11
003   72   ST*
004   11    11
005   07    7
006   07    7
007   99   PRT
008   81   RST
009   00    0
```

Programmsegment 1—2

```
000   91   R/S
001   42   STO
002   11    11
003   01    1
004   72   ST*
005   11    11
006   07    7
007   07    7
008   99   PRT
009   81   RST
010   00    0
```

Oft ist die Indirekte-Zweischritt-Speicherung in dieser Form innerhalb eines größeren Programms nicht möglich, weil bestimmte Datenspeicher z.B. durch Anwenden der Software-Programme nicht mehr frei verfügbar sind. In solchen Fällen muß eine Transformierung des Parameters erfolgen, z.B. in der Form, daß vor der Eingabe als Indexvariable mit 10 oder einem anderen Wert addiert werden muß. Dadurch erhöht sich die aktuelle Speicheradresse. Um den ursprünglichen Wert für die nachfolgende indirekte Speicherung zu sichern, ist entweder eine vorübergehende Zwischenspeicherung (z.B. mit x ⇄ t-Befehl) oder mittels einer erneuten arithmetischen Operation zu transformieren.

- Prinzip der gleichförmigen Wandlung bei Indirekter-Zweischritt-Speicherung
  Bei diesem Verfahren wird zwar der eigentliche Parameter oder der transformierte Wert ins Indexregister gespeichert, dient aber hier nur als Adresse (Indexvariable), denn an seiner Stelle wird auf den aktuellen Datenspeicher nicht der eingegebene Parameter sondern z.B. eine Eins gespeichert.

Dieses Prinzip der Speicherung hat in Verbindung mit anderen indirekten Befehlsarten eine sehr große Bedeutung. Die Wirkungsweise ist aus dem Programmsegment 1-2 zu ersehen. Es hat aber in diesem Beispiel nur didaktischen Wert. Eine komplexe Anwendung ist aus Programmsegment 1-11 zu ersehen. Wird beispielsweise bei Benutzung von Programmsegment 1-1 die Zahl 3 eingegeben, so wird auf R_{03} eine 1 gespeichert. Die Eingabe des Parameters 5.73 sorgt dafür, daß die Speicherung einer 1 auf R_{05} erfolgt.

---

[3] Diese Besonderheit gilt für alle indirekten Befehle und kann für bestimmte Situationen sehr vorteilhaft sein.
[4] Auch diese Besonderheit gilt für alle indirekten Befehle.

Wird die indirekte Speicherung mit einem *Dsz-Befehl in einem Programmsegment gekoppelt,
lassen sich die Möglichkeiten und die Leistungsfähigkeit schon bei der Verwendung eines einzigen
indirekten Befehls erkennen. Im Programmsegment 1-3 wurde R_{00} sowohl zur Aufnahme der Zählvariablen (im vorliegenden Beispiel 10) als auch gleichzeitig als Indexregister benutzt. Dadurch ergibt sich, daß in jedem Zyklus die Zählvariable (Laufindex) der Indexvariablen entspricht. Da durch
einen *Dsz-Befehl die Zählvariable bei jedem Zyklus um die Zahl 1 vermindert wird, erfolgt der
Rücksprung nach PSS 000 erst dann, wenn als Zählvariable die Zahl 0 erreicht ist (siehe hierzu Abschnitt 1.1.5). Dadurch kann R_{00} für die Abspeicherung nachfolgender Zahlen nie erreicht werden.
Die Zahl 10 ergibt beim ersten Zyklus die Adresse für den ersten Datenspeicher (R_{10}), der die erste
Zahl aufnehmen soll.

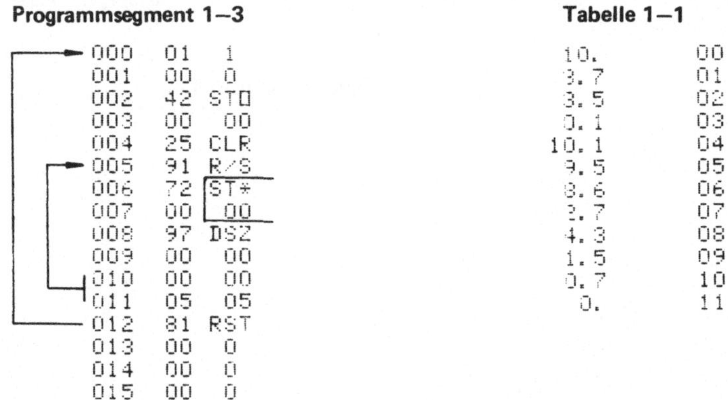

Programmablauf: RST R/S Eingabe der ersten Zahl R/S, bei Halt Eingabe der zweiten Zahl
(zur Kontrolle erscheint im Display die vorher eingegebene Zahl) R/S, Eingabe beenden, wenn in
der Anzeige eine Null erscheint. Folgende Zahlen in angegebener Weise eingeben:
0,7; 1,5; 4,3; 2,7; 8,6; 9,5; 10,1; 0,1; 3,5; 3,7; CLR INV *List; R/S bei Erreichen von R_{11} drücken.
Das Ergebnis ist aus Tabelle 1-1 zu ersehen. Der einzige Schönheitsfehler besteht darin, daß die Zahlen in umgekehrter Reihenfolge auf $R_{01} - R_{10}$ abgespeichert werden. Die 10 in R_{00} ergibt sich durch
den Halt bei PSS 005. Dort steht schon wieder die neue Zählvariable $\cong$ Indexvariable für den nächsten
Zyklus bereit.

1.1.1.2 Indirekter Speicheraufruf

Definition des Grundbefehls

Symbolische Darstellung: RCL dd

Es gilt: $\langle R_A \rangle := \langle dd \rangle$

$\langle dd \rangle := \langle dd \rangle$

Auf die Erläuterung dieser Darstellung wird von nun an verzichtet, da sie im Abschnitt 1.1.1.1
noch einmal eingehend erläutert wurde. Was tatsächlich vom Inhalt des Anzeigenregisters in der Anzeige ($\langle A \rangle \cong$ Display des AOS-Rechner) sichtbar wird, ist von der Festkommaeinstellung (Fixkom-
maschreibweise) abhängig. Dies gilt natürlich nur dann, wenn der Parameter in Positionsdarstellung

vorliegt[5]. Wie aus der Definition hervorgeht, ist der RCL-Befehl ein umgekehrt wirkender STO-Befehl.

Definition des indirekten Speicheraufruf

Symbolische Darstellung: RCL *Ind $\boxed{R_{I\,dd}}$
Code: 73 dd

Das Zeitverhältnis zwischen direktem und indirektem Befehl beträgt 100 : 106.

Siehe halbsymbolische Darstellung 1-2

halbsymbolische Darstellung 1—2

```
000   00    0
001   73 ┌─RC*
002   11 │  11
003   00    0
```

Tabelle 1—2

```
 0. 7
 1. 5
 4. 3
 2. 7
 8. 6
 9. 5
10. 1
 0. 1
 3. 5
 3. 7
```

Die im ersten Teil des Abschnitts 1.1.1.1 gemachten Aussagen gelten im gleichen Umfang für diesen Befehl.

Es gilt: I_V := $\langle R_{I\,dd} \rangle$
  $\rangle dd \langle$:= I_V
  $\langle R_A \rangle$:= $\langle dd \rangle$
  $\langle dd \rangle$:= $\langle dd \rangle$

Daß der indirekte Speicheraufruf eine Umkehrung der indirekten Speicherung ist, läßt sich sehr überzeugend mit Programmsegment 1-4 beweisen. Hierzu ist lediglich notwendig Programmsegment 1-3 noch einmal einzugeben und die dort beschriebene Prozedur zu wiederholen. Ab PSS 013 wird Programmsegment 1-5a eingegeben, ohne den Inhalt der Datenspeicher zu löschen.

Programmablauf: Nach Drücken der Taste A werden bei angeschlossenem Drucker die vorher eingegebenen 10 Parameter in der richtigen Reihenfolge fortlaufend hintereinander ausgegeben (siehe Tabelle 1-2).

Ist ein Drucker nicht vorhanden, werden der auf PSS 021 stehende *Prt-Befehl und die beiden nachfolgenden zwei *Nop-Befehle durch drei *Pause-Befehle ersetzt (siehe Teil des Programmsegment 1-5b). Die eingegebenen Zahlen erscheinen nacheinander für kurze Zeit im Display. In beiden Fällen endet das Programmsegment bei PSS 029 mit einer Null im Display. Start entweder über R/S oder A möglich.

Auch in diesem aus zwei Programmsegmenten bestehenden Demonstrationsbeispiel wird nur 1 Datenspeicher (R_{00}) für die Aufnahme der Zählvariablen (Laufindex) in Anspruch genommen. Gleichzeitig fungiert es in beiden Fällen als Indexregister. Durch Verändern der Zählvariablen auf PSS 000 und 001 läßt sich die Anzahl der automatisch abzuspeichernden Datenanzahl den erforderlichen Bedingungen anpassen.

Sind die anfallenden Daten nur ein- oder zweiziffrig, ist es unökonomisch, für jeden Parameter jeweils einen Datenspeicher zu benutzen. Da bekanntlich das Anzeige- und jedes Datenregister im

---

[5] Die bisher für Positionsdarstellung verbreitete Bezeichnung „Dezimaldarstellung" ist insofern nicht treffend, als die Darstellungsform nicht an das Dezimalsystem gebunden ist.

Programmsegment 1—4   **Programmsegment 1—5b**

```
Programmsegment 1—3                    Programmsegment 1—5b

000   01   1
001   00   0                    019   73   RC*
002   42   STO                  020   00   00
003   00   00                   021   66   PAU
004   25   CLR                  022   66   PAU
005   91   R/S                  023   66   PAU
006   72   ST*                  024   97   DSZ
007   00   00                   025   00   00
008   97   DSZ                  026   00   00
009   00   00                   027   19   19
010   00   00
011   05   05
012   81   RST
013   76   LBL
014   11   A
015   01   1
016   00   0
017   42   STO
018   00   00

Programmsegment 1—5a

019   73   RC*
020   00   00
021   99   PRT
022   68   NOP
023   68   NOP
024   97   DSZ
025   00   00
026   00   00
027   19   19
028   25   CLR
029   91   R/S
030   61   GTO
031   11   A
032   00   0
```

Prinzip 13 Ziffern hinter dem Komma, ohne sie zu verändern, aufnehmen kann, wenn kein ganzzahliger Teil vorhanden ist, wäre es erstrebenswert, durch eine Art Programmanipulation in jedes Datenregister entweder

- 13 einziffrige Zahlen (0 — 8) oder:
- 6 zweiziffrige Zahlen (00 — 88)

aufzunehmen und gleichzeitig zu sichern, daß diese bei Bedarf wieder den einzelnen Datenregistern in ihrem ursprünglichen Zahlenwert (0 — 8, 00 — 88) entnommen werden können[6].

Aus der Vielzahl der Möglichkeiten sollen vorerst mit dem Programmsegment 1-6a nur einziffrige Parameter (0-8) fortlaufend unter voller Ausnutzung der freien Datenregisterstellen abgespeichert werden und zwar durch zweimaliges Verwenden eines indirekten Speicherung- und eines indirekten Speicheraufruf-Befehls.

Zusätzlich zu realisierender Komfort:

- Ist ein Datenregister gefüllt, kurzzeitige Anzeige der nächsten Datenspeicheradresse (Vermeidung von Bereichsüberschreitung)
- Vom Bediener frei wählbares erstes Datenregister

---

[6] Eine sehr interessante Programmvariante mit der Möglichkeit diese Pseudoregister zu adressieren, findet sich in Ludwig, H.-J., Programmieren von Taschenrechnern 5. Vieweg Verlag, Braunschweig 1979, 1. Auflage, S. 40

Programmsegment 1—6a

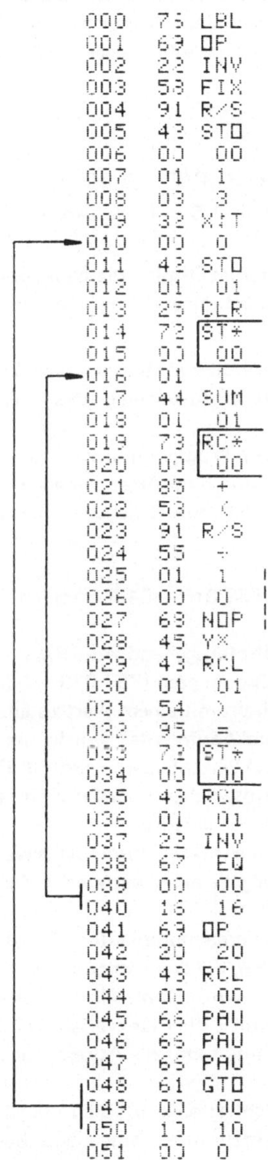

```
000   75   LBL
001   69   OP
002   22   INV
003   58   FIX
004   91   R/S
005   42   STO
006   00   00
007   01   1
008   03   3
009   32   X:T
010   00   0
011   42   STO
012   01   01
013   25   CLR
014   72   ST*
015   00   00
016   01   1
017   44   SUM
018   01   01
019   73   RC*
020   00   00
021   85   +
022   53   (
023   91   R/S
024   55   ÷
025   01   1
026   00   0
027   69   NOP
028   45   Y^X
029   43   RCL
030   01   01
031   54   )
032   95   =
033   72   ST*
034   00   00
035   43   RCL
036   01   01
037   22   INV
038   67   EQ
039   00   00
040   16   16
041   69   OP
042   20   20
043   43   RCL
044   00   00
045   66   PAU
046   66   PAU
047   66   PAU
048   61   GTO
049   00   00
050   10   10
051   00   0
```

- Weitestgehende Kontrolle der zuletzt eingegebenen Ziffer
- Abspeichern der einzelnen Ziffern in der Reihenfolge ihrer Eingabe, um späteres oder vorheriges Umsortieren zu vermeiden
- Durch kleinere Veränderungen im Programm sollen sich auch die Möglichkeiten (zweiziffrige Zahlenangabe) realisieren lassen (Variante b — für Druckcode)

Durch die vorgegebene Zielsetzung läßt sich die vorteilhafte Wirkungsweise eines *Dsz-Befehls (siehe Programmsegment 1-5a) in diesem Fall nicht ausnutzen, weil die Parameter vor der Eingabe umsortiert werden müßten. Dies wäre z.B. für die Eingabe eines Druckcode sehr umständlich und zusätzlich verwirrend.

Programmablauf:

1. Schritt: 1 RST R/S → Anzeige Ziffer 1.

2. Schritt: Eingabe der Adresse des ersten freien Datenspeichers (z.B. 2) R/S → Anzeige Ziffer 0.

3. Schritt: Eingabe einer einziffrigen Variablen ($0 \leqslant$ Ziffer $\leqslant 8$) z.B. 1 R/S → In der Anzeige erscheint die eingegebene Ziffer als Dezimalbruch (z.B. 0.1)

4. Schritt: 3. Schritt wiederholen. Nach der 10. Eingabe verschwindet im Display die Null vor dem Komma (z.B. .1 2 3 4 5 6 7 8 9 8). Von nun an sind die nachfolgend eingegebenen Ziffern nicht mehr sichtbar.

Ist die elfte eingegebene Ziffer $\geqslant 5$, erhöht sich im Display ($\langle A \rangle$) die zehnte noch rechts sichtbare Ziffer um den Wert 1. Diese Rundung beeinflußt aber den Inhalt des Anzeigeregisters ($\langle R_A \rangle$) in diesem Programmsegment nicht.

Beachte: Durch die Rundungsautomatik ist die Ziffer 9 in diesem Programm nicht zugelassen, denn für den Fall, daß einmal 0,9999999999999 auftritt, wird automatisch im Anzeigeregister auf 1.0 gerundet. Eine eingegebene Null wird im ersten Teil der Eingabe nicht sofort sichtbar. Dies erfolgt erst bei der nachfolgenden Eingabe einer Ziffer > 0.

Programmbeschreibung

Das Programm besteht aus zwei Zyklen. Beim inneren Zyklus (PSS 016 — 040) geschieht die Steuerung durch einen T-Register Vergleich (Variante a $\hat{=}$ x $\neq$ 13?).

Im inneren Zyklus wird zyklisch der Inhalt von R_{01} um 1 erhöht (ausgehend von $\langle R_{01} \rangle := 0$) und liefert in Verbindung mit dem Potenz-Befehl Y^x den aktuellen Exponenten (PSS 029 — 030). Dadurch ist es möglich, die jeweils auf PSS 023 eingegebene Ziffer direkt mit einem Wert zu addieren, der mit Hilfe der in R_{00} befindlichen Indexvariablen vorher indirekt aufgerufen wurde, um so zu erreichen, daß jeweils die richtige Stelligkeit mit der Anzahl der Zyklenzahl übereinstimmt. Der dadurch eintretende Nebeneffekt besteht darin, daß gleichzeitig die Abspeicherung jeder Ziffer entsprechend der richtigen Reihenfolge (von links nach rechts) ihrer Eingabe abläuft.

Die Abspeicherung geschieht indirekt mittels der Indexvariablen auf R_{00}. Durch die gewählte Befehlsabfolge wird der aktuelle Teil hinter dem Komma bei jeder Eingabe einer weiteren Ziffer im Display sichtbar (hierbei schon erwähnte Einschränkung beachten).

Ist die dreizehnte Ziffer abgespeichert, wird der zweite Zyklus einmal durchlaufen. Als reinen Programmkomfort sind dabei die Befehle auf PSS 043 — 047 zu werten, die dafür sorgen, daß für kurze Zeit die Adresse des nächsten Datenspeichers blinkend angezeigt wird (Kontrollmöglichkeit über noch vorhandene Speicherkapazität), denn unmittelbar vorher wurde die Indexvariable in dem Indexregister R_{00} um 1 erhöht. Der Anfangswert der Indexvariablen und somit die Adresse für den ersten Speicherplatz wird per Hand bei PSS 004 eingegeben.

Das Programmsegment 1-6b unterscheidet sich nur durch die Zählvariable (6), die Inhalt zum T-Register wird (PSS 066 — 007) und durch die in das Programm ebenfalls direkt eingebaute Basis der Potenzrechnung (PSS 025 — 027).

Zur Sichtkontrolle der auf der elften bis dreizehnten Stelle stehenden Zahlen, die dann nachfolgend als achte bis zehnte Ziffer im Display sichtbar werden, ist die Befehlsfolge so auszuführen:

RCL   dd   X   1000 = INV   *Int

Wurde während des Programmablaufs einmal ein falscher Zahlenwert eingegeben und noch nicht die Taste R/S gedrückt, muß die Löschung mit CE erfolgen.

```
000   76  LBL
001   69  OP
002   22  INV
003   58  FIX
004   91  R/S
005   42  STO
006   00   00
007   06    6
008   68  NOP
009   32  X:T
010   00    0
011   42  STO
012   01   01
013   25  CLR
014   72  ST*
015   00   00
016   01    1
017   44  SUM
018   01   01
019   73  RC*
020   00   00
021   85    +
022   53    (
023   91  R/S
024   55    ÷
025   01    1
026   00    0
027   00    0
028   45  Y×
029   43  RCL
030   01   01
031   54    )
032   95    =
033   72  ST*
034   00   00
035   43  RCL
036   01   01
037   22  INV
038   67  EQ
039   00   00
040   16   16
041   69  OP
042   20   20
043   43  RCL
044   00   00
045   66  PAU
046   66  PAU
047   66  PAU
048   61  GTO
049   00   00
050   10   10
051   00    0
```

Anwendungsmöglichkeiten: die einziffrige Variante (a) kann in dieser Form direkt auch im Gelände zur Beobachtung eines Tierverhaltens eingesetzt werden, soweit nicht mehr als 8 verschiedene Verhaltensweisen registriert werden sollen. Bei anschließender Aufzeichnung auf Magnetkarte (TI-59) oder durch Permanentspeicherung (TI-58C) ersetzt sie die Urliste. Die Ziffer 0 kann als Abbruch- bzw. Unterbrechungsbedingung während der Beobachtung ausgenutzt werden.

Die zweiziffrige Variante (b) dient vorrangig zur besseren Ausnutzung der Speicherkapazität, vorrangig zur Abspeicherung eines Druckcodes. Der Gewinn durch diese Programmanipulation ist umso größer, je mehr Text (zum Beispiel bei einem Dialog) gedruckt werden soll, denn der Aufruf erfordert zusätzlich ein kleines Hilfsprogramm und ist nicht wie sonst herkömmlich mit 2 Befehlsschritten zu erreichen.

1.1.1.3 Indirekter Speicheraustausch

Definition des Grundbefehls

Symbolische Darstellung: *Exc dd

Es gilt: $\langle R_A \rangle := \langle dd \rangle$ und gleichzeitig
$\langle dd \rangle := \langle R_A \rangle$

Bei diesem Befehl wird ein Austausch zwischen dem Inhalt des Anzeigeregisters mit dem Speicher vorgenommen, dessen Adresse im Befehl angegeben ist. Hierbei handelt es sich um einen äußerst leistungsstarken Befehl. Dies ist daran erkennbar, daß bei Nichtvorhandensein die Simulation von 7 andersartigen Befehlen erforderlich wäre, wie aus Programmsegment 1-7 deutlich zu erkennen ist.

Programmsegment 1—7

```
000    00    0
001    32    X/T
002    43    RCL
003    11    11
004    32    X/T
005    42    STO
006    11    11
007    32    X/T
008    00    0
```

halbsymbolische Darstellung 1—3

```
000    00    0
001    63    EX*
002    11    11
003    00    0
```

Definition des indirekten Speicheraustausch

Symbolische Darstellung: *Exc *Ind $\boxed{R_{I\,dd}}$

Code: 63 dd   Drucksymbol: EX* dd

Das Zeitverhältnis zwischen direktem und indirektem Befehl beträgt 100 : 108.
Siehe halbsymbolische Darstellung 1-3

Es gilt: $I_V := \langle R_{I\,dd} \rangle$
$)dd\langle := I_V$
$\langle R_A \rangle := \langle dd \rangle$ und gleichzeitig
$\langle dd \rangle := \langle R_A \rangle$

Die Anwendungsbereiche liegen vorrangig bei folgenden Aufgabenstellungen:

- zyklischer Speicheraustausch
- Aufbau eines simulierten Schieberegisters
- Sortierprogramm, entweder Finden der größten (kleinsten) Zahl aus einer Menge von Daten oder Sortieren aller vorhandenen Daten nach der Größe.

Der leistungsstarke Grundbefehl „Speicheraustausch" indirekt angewandt, bringt nur dann Vorteile, wenn entweder eine Situation vorliegt, bei der die Adresse dd (bedingt durch die logische Struktur) nur über eine Indexvariable erreichbar ist (siehe Programmsegment 1-8b PSS 017 — 018) oder wenn er innerhalb eines Zyklus eingesetzt wird, deren Zyklenzahl schon relativ hoch sein muß. Erstgenannte Situation sei am Programmsegment 1-8a und 1-8b erläutert. In diesem Beispiel soll ein Schieberegister simuliert werden mit dem Ziel, daß die Verschiebung von Speicher zu Speicher zy-

Programmsegment 1—8a

```
000   22 INV
001   58 FIX
002   25 CLR
003   91 R/S
004   48 EXC
005   11  11
006   48 EXC
007   12  12
008   48 EXC
009   13  13
010   48 EXC
011   14  14
012   48 EXC
013   15  15
014   81 RST
015   00  0
```

Programmsegment 1—8b

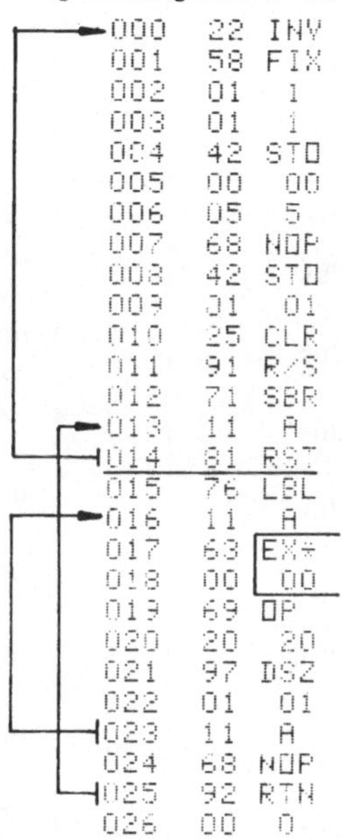

klisch und automatisch geschieht. Auf dem ersten Datenspeicher (R_{11}) wird die über R/S eingegebene Variable abgespeichert (aktueller Wert). Folgt eine weitere Variable, so muß die Sicherung der vorher eingegangenen auf dem nächsten Speicherplatz erfolgen. Am Ende des Zyklus bzw. Programmteils fällt die „älteste" Variable immer heraus. Die Zusammenhänge sind aus Tafel 1-1 und 1-2 erkennbar. Derartige Schieberegister sind dann notwendig, wenn für das Programm eine bestimmte Anzahl der zuletzt eingegebenen Daten noch einmal insgesamt benötigt werden. Ist dieses simulierte Schieberegister nur kurz, lohnt das Benutzen von indirekten Speicheraustausch-Befehlen nicht (siehe Programmsegment 1-8a). Für die lineare Programmierung werden für die Realisierung keine zusätzlichen Datenspeicher benötigt.

Das Programmsegment 1-8b erfüllt die gleiche Aufgabe — nämlich 5 Datenspeicher als Schieberegister zu benutzen — mit einem einzigen indirekten Speicheraustausch-Befehl (PSS 017 — 018). Da die Verschiebung zyklisch in dem gewählten Beispiel 5 mal erfolgt (PSS 006 — 007), und zwar gesteuert mit einem *Dsz-Befehl, sind zur eigentlichen Realisierung dieser Programmschleife relativ umfangreiche Vorbereitungen notwendig.

R_{00} Indexregister für indirekten *Exc-Befehl
R_{01} Zählvariable (Laufindex) für direkten *Dsz-Befehl

Da ein Datenspeicher 8 Programmspeicherstellen entspricht, braucht dieses Programm letztenendes 26 + 16 = 32 PSS im Gegensatz zum vorhergehenden Segment (Programmsegment 1-8a), das für die gleiche Aufgabe nur 15 PSS benötigte. Hinzu kommt die längere Laufzeit, deren Ursache nicht so sehr im indirekten Befehl begründet liegt sondern durch die zyklische Abarbeitung. Erst dann, wenn ein Schieberegister mit mindestens 9 Datenspeicherplätzen benötigt wird, ist der Speicherbedarf schon annähernd gleich. Und noch größere Schieberegister oder die mehrmalige Ausnutzung als Unterprogramm kompensieren die höhere Laufzeit mit zunehmender Einsparung an Speicherkapazität.

Tafel 1—1

	R/S $\langle R_A \rangle$	R$_{10}$	Schieberegister					R$_{16}$
			R$_{11}$	R$_{12}$	R$_{13}$	R$_{14}$	R$_{15}$	
Anfangssituation	0	beliebig	0	0	0	0	0	beliebig
1. Zyklus	3	unverändert	3	0	0	0	0	unverändert
2. Zyklus	5	unverändert	5	3	0	0	0	unverändert
3. Zyklus	4	unverändert	4	5	3	0	0	unverändert
4. Zyklus	2	unverändert	2	4	5	3	0	unverändert
5. Zyklus	7	unverändert	7	2	4	5	3	unverändert
1. Zyklus	1	unverändert	1	7	2	4	5	unverändert
2. Zyklus	9	unverändert	9	1	7	2	4	unverändert
3. Zyklus	8	unverändert	8	9	1	7	2	unverändert
4. Zyklus	10	unverändert	10	8	9	1	7	unverändert
5. Zyklus	11	unverändert	11	10	8	9	1	unverändert

Tafel 1—2

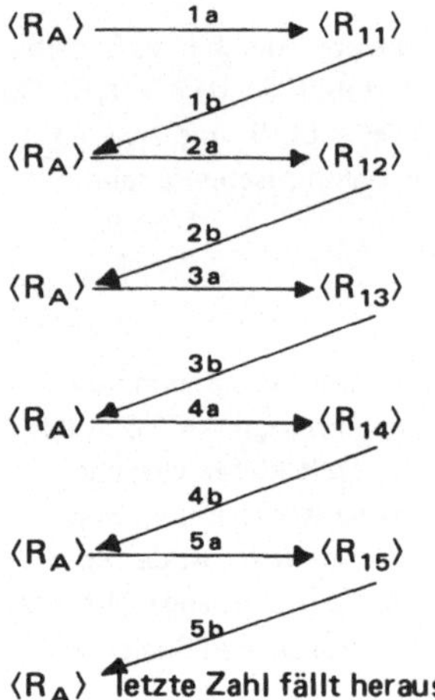

Diese Gegenüberstellung zeigt sehr eindringlich, wie notwendig es ist, eine indirekte Programmierung überlegt anzuwenden. Besondere Vorsicht ist bei solchen indirekten Befehlen geboten, deren Grundbefehle schon von Natur aus sehr leistungsstark sind. Hier werden Gesetzmäßigkeiten sichtbar, deren wissenschaftliche Grundlagen bisher noch nicht genauer untersucht wurden.

Ähnliche Gesichtspunkte gelten natürlich auch für Sortierprogramme. Bei derartigen Programmen sollen die Daten auf einem vorher festgelegten Speicherbereich so sortiert werden, daß die größte bzw. kleinste Zahl auf dem letzten Datenspeicher des Bereichs steht. Die auf den Speicherplätzen stehenden Daten werden also nach der Größe des Zahlenwertes geordnet.

Derartige Sortierprogramme lassen sich mit einem vertretbaren Aufwand an Programmspeicherstellen nur indirekt programmieren und erfordern auch dann noch einen relativ hohen Programmaufwand. Hinzu kommt der Zeitaufwand für das Finden einer logischen Struktur.

Programmsegment 1—9a ist noch am einfachsten zu analysieren, genügt aber sehr hohen Ansprüchen nur bedingt.

R_{00} Indexregister für indirekten *Exc-, RCL- und STO-Befehl

R_{01} Zählvariable (Laufindex) für *Dsz-Befehl (ist Bestandteil des Programms)

R_{02} Endadresse; letzte Adresse der zu sortierenden Datenspeicher (wird im Programm automatisch berechnet) und wird auch als Indexregister benutzt

R_{03} Anfangsadresse; erste Adresse der zu sortierenden Datenspeicher (muß beim Start des Programms (R/S) eingegeben werden) und wird auch als Indexregister benutzt.

Vorliegendes Beispiel ist zur Zeit auf 5 zu sortierende Datenspeicher festgelegt. Änderungen sind auf PSS 004 — 005 vorzunehmen. Um den Abbruch nach der Sortierung möglichst ohne eine weitere *Dsz-Schleife zu ermöglichen, muß auf dem letzten Speicherplatz eine Null stehen, die Zyklus um Zyklus nach vorne geschoben wird. Abbruchbedingungen befinden sich auf PSS 050 — 054 und zwar in der inversen Form (ungleich Null?). Dadurch ergibt sich ein Rücksprung nach PSS 005, wenn die Null sich noch nicht auf dem Anfangsspeicher befindet. Eigentlicher Kern der Sortierung ist die *Dsz-Schleife zwischen PSS 024 und 042. Mit Hilfe von INV *x $\geq$ t erfolgt in Verbindung mit x $\rightleftarrows$ t eine Sortierung aller Speicherinhalte nach der Größe ihres Zahlenwertes. Mit PSS 020 — 022 wird indirekt dafür gesorgt, daß die Null Zyklus für Zyklus weiter nach vorne geschoben wird. Die Sicherung des bisherigen Inhalts dieses Speicherplatzes geschieht im T-Register und dient gleichzeitig für den nachfolgenden Vergleich mit dem über RCL *Ind 00 aufgerufenen Inhalt des aktuellen Speichers. Bedingt durch den logischen Ablauf folgt nach Beendigung des kleineren Zyklus zwangsläufig der größere, es sei denn, die Sortierung ist beendet. Diese Art der Verschachtelung hat aber zur Folge, daß auch die Speicher jedesmal neu überprüft werden, deren Inhalt schon sortiert ist, also alle Werte, die sich in Tafel 1—3 rechts von der Null befinden. Dieses kostet natürlich Rechnerlaufzeit, die eigentlich nicht notwendig wäre. Ein weiterer Nachteil besteht darin, daß die Zählvariable (Laufindex) im Programm der aktuellen Situation angepaßt werden muß.

Eines ist aber aus Tafel 1—3 unverkennbar, nämlich die Tendenz, die nächstgrößere Zahl für den nachfolgenden Zyklus schon auf 2 Plätze vor der Null zu plazieren. Unabhängig davon wird auf den noch nicht betroffenen Speicherplätzen eine für den weiteren Ablauf zeitsparende Umsortierung vorgenommen. Die dabei wirkende Gesetzmäßigkeit ist aus der Pfeilrichtung gut erkennbar. Die Zahl, die zufällig vor der Null steht, wird auf keinen Fall umsortiert, sondern bleibt solange in der Position stehen, bis sie in einem Zyklus die aktuell größte Zahl ist. Falls diese Zahl zufällig die kleinste Zahl in der Datenmenge sein sollte, wird das vorher beschriebene Prinzip nicht wirksam. Dies ließe sich zwar verhindern, erfordert aber einen zusätzlich hohen Programmaufwand.

Das Programmsegment 1-9b vermeidet durch eine veränderte Konzeption die in der vorherigen Variante des Sortierprogramms geäußerten Nachteile. Grundgedanke ist dabei, die bei der Sortierung bei jedem beendeten Zyklus von hinten nach vorne zu verschiebende Null als Barriere zu benutzen.

Programmsegment 1—9a

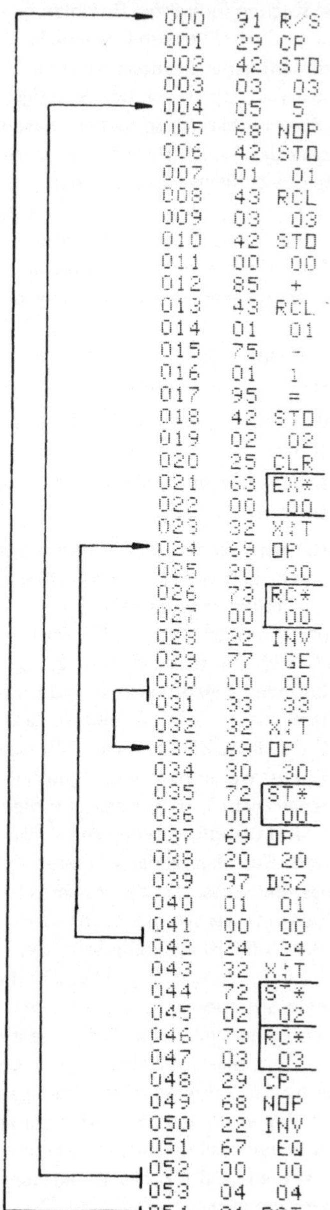

Programmsegment 1—9b

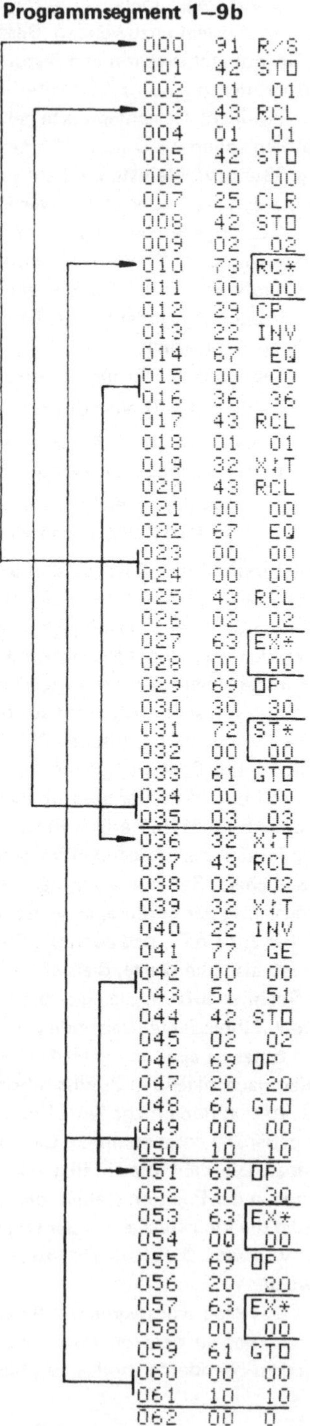

Tafel 1—3

	Festgelegter Sortierbereich									R_{20}
	R_{11}	R_{12}	R_{13}	R_{14}	R_{15}	R_{16}	R_{17}	R_{18}	R_{19}	
Ausgangssituation	20	19	16	14	15	13	21	17	0	beliebige Zahl
1. Zyklus beendet	19	16	14	15	13	20	17	0	21	unverändert
2. Zyklus beendet	16	14	15	13	19	17	0	20	21	unverändert
3. Zyklus beendet	14	15	13	16	17	0	19	20	21	unverändert
4. Zyklus beendet	14	13	15	16	0	17	19	20	21	unverändert
5. Zyklus beendet	13	14	15	0	16	17	19	20	21	unverändert
6. Zyklus beendet	13	14	0	15	16	17	19	20	21	unverändert
7. Zyklus beendet	13	0	14	15	16	17	19	20	21	unverändert
8. Zyklus beendet	0	13	14	15	16	17	19	20	21	unverändert

Denn alles, was hinter der Null steht, ist ja schon der Größe nach sortiert und ein erneuter Aufruf kann entfallen. Dadurch wird die Anzahl der zu sortierenden Inhalte der Datenspeicher von Zyklus zu Zyklus kürzer.

Die Grundkonzeption der vorigen Variante wurde zwar beibehalten, ergibt aber in dieser Form insgesamt jetzt eine sehr schwer zu übersehende logische Struktur, erschwert noch durch eine konsequente Anwendung der indirekten Programmierung.

R_{00} Indexregister für indirekten RCL-, *Exc- und STO-Befehl

R_{01} Anfangsadresse, also erste Adresse der zu sortierenden Datenspeicher (muß beim Start des Programms (R/S) eingegeben werden und liefert für R_{00} bei jedem neuen Zyklus die Indexvariable

R_{02} größte Zahl, die sich vor der Null-Barriere befindet

Um das Verständnis für den Gesamtablauf zu erleichtern, wurde ein Programmablauf verbal formuliert aufgenommen (Programmablaufplan 1-1). Der Ablauf des eigentlichen Zyklus für die Sortierung wurde mit kräftigem Strich kenntlich gemacht. Da die Null begrenzend wirkt, ist eine Steuerung über eine *Dsz-Schleife unnötig. Zwischen PSS 036-059 erfolgt der eigentliche Sortiervorgang. Wobei sich nachträglich herausgestellt hat, daß der *Exc *Ind 00 auf PSS 057-058 auch durch einen STO *Ind 00 ersetzt werden kann. Zwischen PSS 017-035 wird nach Beendigung der Abarbeitung des Sortierzyklus eine neue Sperrstelle errichtet und in dem Falle, daß diese jetzt auf dem Anfangsspeicher liegt, das Programm abgebrochen.

Für eine exakte Analyse oder zur Programmierung ähnlicher verschachtelter Programme ist unbedingt ein Trockentest erforderlich, weil im Programm ständig die Indexvariable geändert werden muß und die richtige Zuordnung der indirekten Befehle verwirrend wirkt. Gleichzeitig sei in diesem Zusammenhang auf Kontrollmöglichkeiten im Trace-Modus (Abschnitt 2.1.2) verwiesen.

Programmablaufplan 1—1

PSS 000

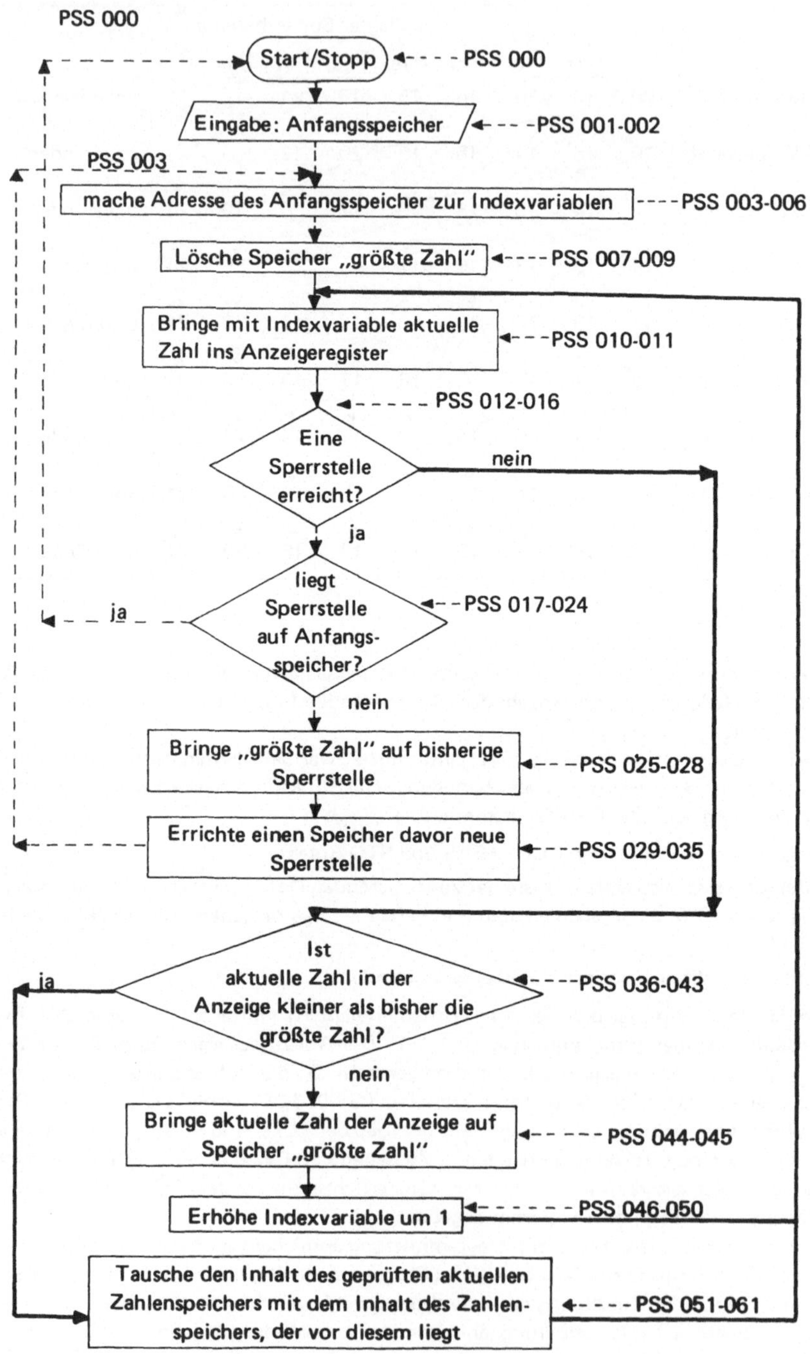

Das Erstaunlichste beim Vergleich beider Varianten ist, daß letztenendes beide die gleiche Speicherkapazität benötigen, sich die Laufzeit bei der Variante b aber doch sichtbar verkürzt. Ein Programmeingriff bei verändertem Sortierbereich ist bei der zweiten Variante nicht erforderlich. Und gewissermaßen als nicht ursprünglich beabsichtigt aber als vorteilhaft empfunden, wird bei Beendigung der Sortierarbeit die Anzeige der Adresse des Anfangsspeichers. Wie aus Tafel 1-4 zu ersehen ist, hat sich an dem eigentlichen Sortiervorgang zwischen beiden Varianten nichts geändert, denn würden die in dieser Tabelle gewählten Zahlen (Anfangssituation) mit Programmsegment 1-9a geordnet, käme es zum gleichen Umspeicherungsablauf. Umgekehrtes gilt auch für die Zahlen der Tafel 1-3, wenn es mit der Variante b sortiert würde.

Die Tafel 1-5 gibt noch einmal einen Gesamtüberblick über Vor- und Nachteile. Dabei ist zu beachten, daß die Laufzeit bei der Variante b nicht absolut gilt, weil sie zusätzlich von der zufälligen Anordnung der Zahlen abhängig ist. Programme von dem Organisations- und Programmierniveau der Variante b müssen aber mit einem größeren Zeitaufwand bei der Programmierung bezahlt werden.

Tafel 1—4

	Festgelegter Sortierbereich										R_{21}
	R_{11}	R_{12}	R_{13}	R_{14}	R_{15}	R_{16}	R_{17}	R_{18}	R_{19}	R_{20}	
Ausgangssituation	17	18	16	19	15	14	13	21	20	0	beliebige Zahl
1. Zyklus beendet	17	16	18	15	14	13	19	20	0	21	unverändert
2. Zyklus beendet	16	17	15	14	13	18	19	0	20	21	unverändert
3. Zyklus beendet	16	15	14	13	17	18	0	19	20	21	unverändert
4. Zyklus beendet	15	14	13	16	17	0	18	19	20	21	unverändert
5. Zyklus beendet	14	13	15	16	0	17	18	19	20	21	unverändert
6. Zyklus beendet	13	14	15	0	16	17	18	19	20	21	unverändert
7. Zyklus beendet	13	14	0	15	16	17	18	19	20	21	unverändert
8. Zyklus beendet	13	0	14	15	16	17	18	19	20	21	unverändert
9. Zyklus beendet	0	13	14	15	16	17	18	19	20	21	unverändert
Endsituation	0	13	14	15	16	17	18	19	20	21	unverändert

Tafel 1-5: Programmvergleich

Art des Vergleichs	Programmsegment 1—9a	Programmsegment 1-9b
Anzahl der erforder-lichen PSS	54	62
Anzahl der Daten-speicher	4	3
Σ PSS (Datenspeicher in PSS umgerechnet)	86	86
Anzahl der indirekten Befehle	5, davon 1 *Exc	5, davon 3 (2) *Exc
Sortierzeit in Sekunden Zahlen der Tafel 1—3	75	64
Zahlen der Tafel 1—4	93	75
Besonderheiten:		
● Halt	automatisch	automatisch
● Endanzeige bei Halt	0	Adresse des Anfangsdaten-speichers
● Sortierergebnis nach jedem Zyklus	identisch ←	→ identisch
● Eingabe der Anzahl der zu sortierenden Daten (einschließ-lich der Null)	Änderung im Programm	automatisch
● Start	Eingabe der Nr. der Adres-se des Anfangsdaten-speicher mit R/S R/S	Eingabe der Nr. der Adres-se des Anfangsdaten-speicher mit R/S R/S
● Als UP einsetzbar	bedingt	ja

1.1.2 Indirekte arithmetische Registerbefehle

Mit diesen recht vorteilhaften Befehlen läßt sich auf den AOS-Rechnern Registerarithmetik ausführen. Diese bringt den unzweifelhaften Vorteil, daß der Inhalt des betreffenden Datenregisters nicht erst in das Anzeigeregister transportiert werden muß. Die Operation wird direkt im Speicher ausgeführt, ohne daß diese Operation mit einem Gleichheitszeichen abgeschlossen wird. Dabei befindet sich der erste Operand in dem betreffenden Speicher und der zweite im Anzeigeregister. Dies zu wissen, ist bei der Ausführung einer Speichersubtraktion und Speicherdivision wichtig. Der Inhalt im Anzeigeregister bleibt voll erhalten und kann bei Bedarf für weitere Operationen benutzt werden.

Bei indirekter Ausführung eines dieser 4 Befehlstypen wird der Inhalt des angegebenen Datenspeichers (R_I) — also die Indexvariable — in jedem Fall als Datenspeicheradresse interpretiert. Falls ein indirekter arithmetischer Registerbefehl bedingt durch die Größe der Indexvariablen einen Speicher aufruft, der sich außerhalb der augenblicklichen Speicherbereichsverteilung befindet, läuft das Programm mit blinkender Anzeige weiter, ohne daß der eigentliche Befehl ausführbar ist. Das gleiche passiert, wenn die Kapazitätsgrenze des Rechners in dem indirekt aufgerufenen Register durch die ausgeführte Operation überschritten ist.

Besonders häufig läßt sich die indirekte Speicheraddition und die indirekte Speichersubtraktion recht vorteilhaft in ein Programm einbauen, zum Beispiel dann, wenn zyklisch auf einigen Datenspeichern mit der Adresse > 9 für eine fortlaufende Inkrementbildung bzw. Dekrementbildung gesorgt werden muß. Denn in diesem Fall ist die sonst übliche und vorteilhafte Anwendung der entsprechenden Op-Befehle nicht möglich.

1.1.2.1 Indirekte Speicheraddition

Definition des Grundbefehls
Symbolische Darstellung: SUM dd

$$\langle dd \rangle := \langle dd \rangle + \langle R_A \rangle \qquad \text{und gleichzeitig}$$
$$\langle R_A \rangle := \langle R_A \rangle$$

Bei diesem Befehl erfolgt mit dem Inhalt des in R_{dd} (erster Operand) und dem im Anzeigeregister befindlichen zweiten Operanden eine Speicheraddition. Die Summe überschreibt den bisherigen Inhalt des aufgerufenen Speichers. Der Inhalt des Anzeigeregisters bleibt erhalten.

Definition der indirekten Speicheraddition

Symbolische Darstellung: SUM *Ind 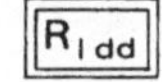

Code: 74 dd   Drucksymbol: SM*
Das Zeitverhältnis zwischen direktem und indirektem Befehl beträgt 100 : 103.

Siehe halbsymbolische Darstellung 1—4

halbsymbolische Darstellung 1—4

Es gilt:

$$I_V := \langle R_{I\,dd} \rangle$$
$$\rangle dd \langle := I_V$$
$$\langle dd \rangle := \langle dd \rangle + \langle R_A \rangle \qquad \text{und gleichzeitig}$$
$$\langle R_A \rangle := \langle R_A \rangle$$

```
000   00   0
001   74   SM*
002   11   11
003   00   0
```

So einfach wie der definierte Befehl in seiner Wirkung auch erscheinen mag, so ist doch in bestimmten Situationen größte Aufmerksamkeit notwendig, wie Programmsegment 1—10 erkennen läßt. Dabei sei einmal unterstellt, daß versäumt wurde, in das Indexregister $R_{I\,00}$ eine Indexvariable einzugeben. Die Folge ist, daß der Rechner im ersten Zyklus als Indexvariable eine Null findet und somit auf R_{00} eine 1 addiert. Im zweiten Zyklus wird diese 1 als Adresse 01 interpretiert und addiert

Programmsegment 1—10

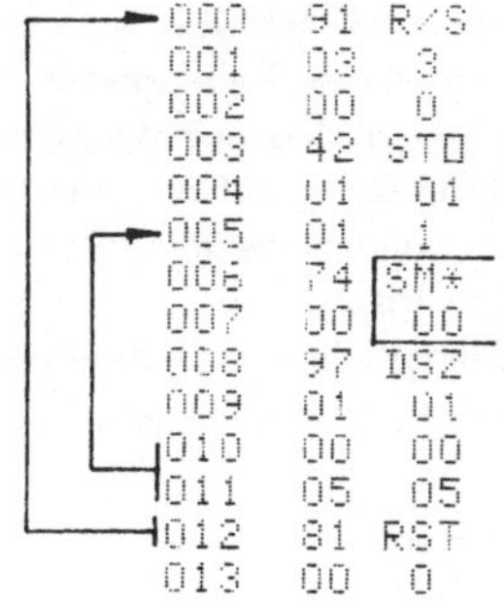

```
000   91   R/S
001   03   3
002   00   0
003   42   STO
004   01   01
005   01   1
006   74   SM*
007   00   00
008   97   DSZ
009   01   01
010   00   00
011   05   05
012   81   RST
013   00   0
```

von nun an Zyklus für Zyklus auf R_{01} die 1. R_{01} enthält aber für den *Dsz-Befehl die Zählvariable
(Laufindex), die nach jedem Zyklus erfolgende Dekrementbildung wird demgemäß durch die indirekte Speicheraddition mit 1 (Inkrementbildung) wieder aufgehoben. Das Programm findet keinen
Abbruch.

Beachte: Der Wert der Indexvariablen darf bei zyklischer Abarbeitung und Vorhandensein eines *Dsz-Befehls nicht mit der Adresse des Indexregisters übereinstimmen. Im einfachsten Fall
stimmt die Zyklusanzahl nicht mit der beabsichtigten überein. In besonderen Fällen wird die Abbruchbedingung nicht erreicht (vorliegendes Beispiel).

Das Programmsegment 1—11 kann genauso wie Programmsegment 1—2 als Beispiel der gleichförmigen Wandlung der zu speichernden Zahl angesehen werden. In vorliegender Form dient es nicht
nur als Demonstrationsbeispiel, sondern läßt sich auch unmittelbar in vielerlei Programmen mit großem Vorteil verwenden.

Programmsegment 1—11   **Tabelle 1—3**

000	47	CMS	3.	00
001	25	CLR	3.	01
002	91	R/S	5.	02
003	42	STO	7.	03
004	11	11	3.	04
005	01	1	5.	05
006	74	SM*	2.	06
007	11	11	4.	07
008	61	GTO	3.	08
009	00	00	2.	09
010	01	01	3.	10
011	00	0	5.	11
			0.	12

Das Wirkungsprinzip besteht darin, daß die Abspeicherung der über R/S (PSS 002) eingegebenen Parameter nicht direkt geschieht, sondern dieser eine Wandlung in eine 1 erfährt und diese 1
nun auf einen der Parameter zugeordneten Datenspeicher mittels der Speicheraddition summiert
wird. Erfolgt die Eingabe einer 5, so steht nach Durchlauf und erneutem Halt des Programmsegments auf R_{05} eine 1. Dies wird dadurch erreicht, daß der eingegebene Wert im Indexregister R_{11}
(willkürlich gewählt) vor Beginn des nächsten Zyklus als Indexvariable und somit in der danach
durchzuführenden indirekten Speicheraddition als Adresse interpretiert wird. Somit wird die 1 indirekt auf dem Speicher summiert, dessen Zahl gerade in R_{11} (R_I) steht. Die weitere Wirkungsweise
wird erkennbar, wenn nacheinander die aufgeführten Zahlen eingegeben werden: 7; 1; 2; 0; 7; 2; 3;
3; 4; 7; 2; 1; 3; 3; 0; 4; 5; 3; 2; 3; 4; 6; 5; 3; 2; 0; 1; 5; 8; 9; 10; 8; 10; 9; 8; 7, 6; 5; 10; 5;

Nach dem Programmlauf sind die Tasten 0 INV *List zu drücken. Das Ergebnis ist aus der
Tabelle 1—3 zu ersehen. Beispielsweise bedeutet die 4 auf R_{07}, daß viermal eine 7 eingegeben wurde.

Ein vorrangiger Demonstrationscharakter besteht deshalb noch, weil in diesem Programmsegment nur Zahlen im Bereich $0 \leqslant Z \leqslant 10$ zugelassen sind. Deshalb gibt die Zahl 5 auf R_{11} nicht etwa
die Häufigkeit der eingegebenen und somit abgespeicherten Zahl 11 an, sondern sie ist im Programmlauf die letzte eingegebene Zahl und in dieser Situation die letzte Indexvariable.

Gleichzeitig lassen sich mit diesem Segment einige wichtige Besonderheiten der indirekten
Programmierung sehr überzeugend darstellen, die prinzipiell für alle indirekten Befehle gelten, soweit
die Indexvariable die Adresse eines Datenspeichers liefert.

- Ist die Indexvariable eine negative Zahl, interpretiert der Rechner sie als Null

- Besitzt die Indexvariable Dezimalstellen, zum Beispiel dann, wenn ein Dezimalbruch vorliegt, so
  wird nur der ganzzahlige Teil beachtet und nicht vorher gerundet

- Überschreitet die Indexvariable die Speicherbereichsverteilung, so wird dieser Befehl nicht ausgeführt (Leerbefehl).

In der im Programmsegment 1—11 gewählten Befehlskombination kommt es in den drei Fällen nicht zur blinkenden Anzeige und bei gesetztem Flag 8 (Fehlerbedingung) wird das Programm nicht unterbrochen. Diese Gesetzmäßigkeiten lassen sich sehr leicht überprüfen.

Die im vorgenannten Segment gewählte Form der Zuordnung der gewandelten Zahl ist ohne Zweifel sehr übersichtlich, weil alle Parameter mit der jeweiligen Adresse identisch sind. Dies läßt sich aber bei größeren Programmen leider meist nur selten in der idealen Form so realisieren. Besonders dann nicht, wenn die Software Programme des Moduls mit in das individuelle Programm einbezogen werden (siehe Abschnitt 3). In solchen Fällen muß vor der gleichförmigen Wandlung noch eine Transformierung der Parameter erfolgen. In den meisten Fällen genügt eine Addition mit 10, Ausnahmen sind aus der Übersicht über die von den Software Programmen benötigten Datenspeichern zu entnehmen.

Programmsegment 1—12 benutzt R_{00} als Indexregister (R_{00} ist meist bei allen Software Programmen frei) und transformiert die einlaufende Variable mit 10. Dadurch stehen die gezählten Parameter alle verschoben um diesen Transformationswert auf dem Datenspeicher, was bei einem Abruf zu beachten ist. Die Obergrenze der zugelassenen Zahlen ist in diesem Segment von der Speicherbereichsverteilung abhängig. Werden die vorhin aufgeführten Zahlen noch einmal eingegeben, wird die Abspeicherung mit der Tastenfolge 10 INV *List wieder sichtbar (Tabelle 1 — 4). Dabei entspricht zum Beispiel R_{10} dem Zahlenwert 0 und R_{20} der eingegebenen 10. Als Besonderheit sei auf den Löschbefehl (PSS 001) aufmerksam gemacht, der sich auch mit *CLR erzeugen läßt und dann den Code 20 erhält. Die Zählung über den Weg der gleichförmigen Wandlung hat unter anderem bei der unmittelbaren Registrierung eines Tierverhaltens unter Freilandbedingung eine große Bedeutung.

Programmsegment 1—12

```
000   47  CMS
001   25  CLR
002   91  R/S
003   42  STO
004   00    00
005   01    1
006   00    0
007  +44  SUM
008   00    00
009   01    1
010   74  SM*
011   00    00
012   61  GTO
013   00    00
014   01    01
015   00    0
```

Tabelle 1—4

3.	10
3.	11
5.	12
7.	13
3.	14
5.	15
2.	16
4.	17
3.	18
2.	19
3.	20
0.	21

1.1.2.2 Indirekte Speichersubtraktion

Definition des Grundbefehls
Symbolische Darstellung: INV SUM dd

$$\langle dd \rangle := \langle dd \rangle - \langle R_A \rangle \text{ und gleichzeitig}$$
$$\langle R_A \rangle := \langle R_A \rangle$$

Prinzipiell gelten die im Abschnitt 1.1.2.1 gemachten Aussagen. Es sei nur noch einmal daran erinnert, daß der erste Operand sich im R_{dd} befindet.

Definition der indirekten Speichersubtraktion

Symbolische Darstellung: INV SUM *Ind $\boxed{R_{I\,dd}}$

Code: 22 74 dd   Drucksymbol: INV SM*

Das Zeitverhältnis zwischen direktem und indirektem Befehl beträgt 100 : 103.
Siehe halbsymbolische Darstellung 1–5.

halbsymbolische Darstellung 1–5

Es gilt: I_V := $\langle R_{I\,dd}\rangle$

$\rangle dd\langle$:= I_V

$\langle dd\rangle$:= $\langle dd\rangle - \langle R_A\rangle$ und gleichzeitig

$\langle R_A\rangle$:= $\langle R_A\rangle$

```
000   00   0
001   22   INV
002   74   SM*
003   11   11
004   00   0
```

Da der Ablauf im Prinzip in gleicher Form wie die indirekte Speicheraddition erfolgt, ist eine weitere Erläuterung nicht sinnvoll.

1.1.2.3 Indirekte Speichermultiplikation und -division

Symbolische Darstellung: *Prd dd bzw. INV *Prd dd

$\langle dd\rangle$:= $\langle dd\rangle \cdot \langle R_A\rangle$ bzw.

$\langle dd\rangle$:= $\langle dd\rangle : \langle R_A\rangle$ und gleichzeitig

$\langle R_A\rangle$:= $\langle R_A\rangle$

Definition der indirekten Speichermultiplikation (und Division)

Symbolische Darstellung: *Prd *Ind $\boxed{R_{I\,dd}}$ (Multiplikation)

INV *Prd *Ind $\boxed{R_{I\,dd}}$ (Division)

Code: 54 dd (Multiplikation) Drucksymbol: PD* (Multiplikation)
22 64 dd (Division)   INV PD* (Division)

Das Zeitverhältnis zwischen direktem und indirektem Befehl beträgt in beiden Fällen 100 : 109.
Siehe halbsymbolische Darstellung 1–6a und b.

halbsymbolische Darstellung 1–6a

```
000   00   0
001   64   PD*
002   11   11
003   00   0
```

halbsymbolische Darstellung 1–6b

```
000   00   0
001   22   INV
002   64   PD*
003   11   11
004   00   0
```

Es gilt: I_V := $\langle R_{I\,dd}\rangle$

$\rangle dd\langle$:= I_V

$\langle dd\rangle$:= $\langle dd\rangle \cdot \langle R_A\rangle$ bzw.

$\langle dd\rangle$:= $\langle dd\rangle : \langle R_A\rangle$ und gleichzeitig

$\langle R_A\rangle$:= $\langle R_A\rangle$

Da auch bei diesen beiden indirekten arithmetischen Befehlen der erste Operand im Register dd steht, ist besondere Aufmerksamkeit bei der Ausführung einer indirekten Speicherdivision notwendig. Die Probleme, die bei einer Division auftreten, wenn der zweite Operand eine Null ist, verdient besondere Beachtung und möglicherweise sind innerhalb des Programms besondere Sicherungsmaßnahmen zu ergreifen. Im Zweifelsfall ist die Tafel 1–6 einzusehen.

Tafel 1–6

Modus	Zyklus	$\langle dd \rangle$ vor der Oper.	Grundoperation	Tastenfolge	nach der Operation $\langle R_A \rangle$	nach der Operation $\langle dd \rangle$ Ergebnis	Bemerkung für Programmablauf
Tastatur	1	–	0:0	0 ÷ 0 =	"1"	–	
	1	–	1:0	1 ÷ 0 =	"9.9999999 9"	–	
	1	–	0:1	0 ÷ 1 =	0	–	
Tastatur	1	0	0:0	0 INV *Prd dd	"0"	1	
	2	1	0:0 ≙ 1:0	0 INV *Prd dd	"0"	"9.9999999 9"	
	1	1	1:0	0 INV *Prd dd	"0"	"9.9999999 9"	
	1	0	0:1	1 INV *Prd dd	1	0	
Programm ohne Flag 8	1	0	0:0	0 INV *Prd dd	"0"	1	läuft weiter
	2	1	0:0 ≙ 1:0	0 INV *Prd dd	"0"	"9.9999999 9"	läuft weiter
	3-n	"9.9999999 9"	Situation bleibt wie im 2. Zyklus				läuft weiter
	1	1	1:0	0 INV *Prd dd	"0"	"9.9999999 9"	läuft weiter
	1	0	0:1	1 INV *Prd dd	1	0	läuft weiter
Programm mit Flag 8	1	0	0:0	0 INV *Prd dd	"0"	1	bleibt stehen
	2	1	0:0 ≙ 1:0	0 INV *Prd dd	"0"	"9.9999999 9"	bleibt stehen
	1	1	1:0	0 INV *Prd dd	"0"	"9.9999999 9"	bleibt stehen
	2	"9.9999999 9"	0:1 ≙ 0:"9.9..	0 INV *Prd dd	"0"	"9.9999999 9"	bleibt stehen
	1	0	0:1	1 INV *Prd dd	1	0	läuft weiter

Indirekte Speichermultiplikationen und Divisionen lassen sich besonders häufig bei statistischen Berechnungen sinnvoll anwenden. Da aber die Grundbefehle der Speichermultiplikation und -division schon relativ leistungsstark sind, ist meist die Einsparung der Programmspeicherstellen nicht sehr hoch. Ihr erhöhter Zeitaufwand liegt mit 9 % noch in durchaus vertretbaren Grenzen, ist aber in Bezug auf die vorherige Feststellung zu beachten.

Als Beispiel für die Anwendung dieser indirekten Befehle kann die Berechnung von χ^2 recht gut gelten. Hierbei handelt es sich um einen Anpassungstest und einen Test zum Prüfen von Abhängigkeiten bei diskreten Zufallsvariablen[7].

Mit dem χ^2-Test läßt sich die Güte der Anpassung der Stichprobenverteilung (beobachtete Häufigkeit) und die theoretische Verteilung (Erwartungshäufigkeit) objektiv beurteilen. Die ermittelte Größe χ^2 ist deshalb die geeignete Prüffunktion, weil sie die Güte der Anpassung bei der Verteilung durch eine einzige Kennziffer wiedergibt.

Entsprechend der Definition ist die Größe χ^2 die Summe der Quadrate von n normal verteilten, unabhängigen Größen x_1^2, x_2^2, x_3^2, ... , x_n^2, die wie folgt als Summenformel geschrieben wird.

$$\chi^2 = \sum_{i=1}^{m} \frac{(z_i - \varphi_i)^2}{\varphi_i}$$

Hierin und im nachfolgenden Text bedeuten

$\hat{\chi}^2$ (Chi-Dach) Prüfgröße des Chi-Quadrat-Tests

z beobachtete Häufigkeit (Stichprobenverteilung) auch als Besetzungszahlen eines Tafelfeldes bezeichnet

φ Erwartungshäufigkeit (Erwartungswert)

m Anzahl der Klassen oder Felder in einer Tafel

Entsprechend der genannten Summenformel ist für jede Klasse oder Feld einer Tafel die Differenz aus beobachteter Häufigkeit und Erwartungshäufigkeit zu bilden, zu quadrieren, durch den Erwartungswert zu dividieren. Schließlich ist die Summe über alle Klassen oder Felder zu bilden.

$$\chi^2 = \frac{(z_1 - \varphi_1)^2}{\varphi_1} + \frac{(z_2 - \varphi_2)^2}{\varphi_2} + \frac{(z_3 - \varphi_3)^2}{\varphi_3} + ... + \frac{(z_m - \varphi_m)^2}{\varphi_m}$$

Um bei dem nachfolgenden Programmsegment langwierige Erläuterungen zu sparen, wird die Prüfgröße $\hat{\chi}^2$ des Chi-Quadrat-Tests aus einer $3 \cdot 3$ Tafel (Mehrfeldertafel — siehe Tafel 1—7[8] zuerst einmal in herkömmlicher Rechenweise ermittelt. Die eigentliche statistische Auswertung soll dabei nicht Gegenstand der Betrachtung sein sondern vielmehr die Umsetzung eines wesentlichen Teilproblems in einem Programmsegment.

Die Erwartungshäufigkeit φ für jedes Feld der Tafel berechnet sich als Quadrat aus dem Produkt der Randsummen und den Gesamtstichumfangproben, die im gewählten Beispiel 1994 (n) beträgt. Oder kurz gesagt: Die Erwartungshäufigkeit ergibt sich für jedes Tafelfeld aus der Zeilensumme und Spaltensumme geteilt durch n. Das Ergebnis wird auf ganze Zahlen gerundet.

---

[7] siehe hierzu: Weber, E. Grundriß der biologischen Statistik, Gustav Fischer Verlag. Für jenjenigen, der sich mit der Statistik beschäftigen will, ist das methodisch ausgezeichnet aufbereitete Buch „Grundlagen der Statistik" von Claus, G. u. H. Ebner, Verlag Harri Deutsch-Thun, Frankfurt/M 1977 besonders empfehlenswert.

[8] Die Zahlen werden mit freundlicher Zustimmung der Autoren und des Verlages dem schon erwähnten Titel von Claus, G. u. H. Ebner, Grundlagen der Statistik, Verlag Harri Deutsch-Thun-Frankfurt/M. entnommen. Die Zahlenwerte spiegeln einen tatsächlichen statistischen Sachverhalt wieder, der in diesem Buch sehr eingehend in seinen Ergebnissen interpretiert wird.

Beispiel: Die Erwartungshäufigkeit ergibt sich somit für das Tafelfeld U_a mit z = 11 aus der Multiplikation der Randsumme (Zeile von U_a) = 184 mit der Randsumme (Spalte von U_a) = 207, dividiert durch den Gesamtstichprobenumfang = 1994 (siehe Tafel 1–7). Also $\frac{184 \cdot 207}{1994}$ = 19,10 gerundet 19. Die Feld für Feld ermittelten Erwartungshäufigkeiten sind in der Tafel 1–7 in Klammern gesetzt. Die übrigen Erwartungshäufigkeiten sind in der Spalte φ_1 der Tafel 1–8 zu finden.

Tafel 1–7

M_1 \ M_2	a	b	c	Σ
U	11 (19)	66 (78)	107 (87)	184
V	136 (158)	633 (640)	739 (710)	1508
W	60 (32)	148 (128)	94 (142)	302
Σ	207	847	950	1994

Tafel 1–8

Tafelfeld	Z_i	φ_i	$(Z_i - \varphi_i)$	$(Z_i - \varphi_i)$	$\dfrac{(Z_i - \varphi_i)^2}{\varphi_i}$
U_a	11	19	− 8	64	3,37
U_b	66	78	− 12	144	1,85
U_c	107	87	20	400	4,60
V_a	136	158	− 22	484	3,06
V_b	633	640	− 7	49	0,08
V_c	739	710	29	841	1,18
W_a	60	32	28	784	24,50
W_b	148	128	20	400	3,13
W_c	94	142	− 48	2304	16,23
	1994	1994	0		57,99 = χ^2

Wird für die nachfolgende Programmierung vorausgesetzt, daß alle erforderlichen Erwartungshäufigkeiten φ_i schon berechnet sind und auf den Datenspeicherplätzen R_{01} − R_{12} gespeichert stehen, in herkömmlicher Weise gerechnet wird, dann sieht der Ansatz so aus:

$$\chi^2 = \frac{(11 - 19)^2}{19} + \frac{(66 - 78)^2}{78} + \frac{(107 - 87)^2}{87} + \frac{(136 - 158)^2}{158} + \frac{(633 - 640)^2}{640} + \frac{(739 - 710)^2}{710} +$$

$$+ \frac{(60 - 32)^2}{32} + \frac{(148 - 128)^2}{128} + \frac{(94 - 142)^2}{142}$$

Das Programmsegment soll so gestaltet werden, daß die aktuelle beobachtete Häufigkeit (z_i) über R/S jeweils direkt eingegeben wird. Da m = 3 · 3 = 9 ist, muß der Programmzyklus 9 mal ablaufen, bevor das Ergebnis ermittelt ist. Um das Programm auch für andere Felderanzahl direkt einsetzen zu können, wird diese Zahl m über R/S (Anzeige = 0) außerhalb des eigentlichen Zyklus eingegeben. Vor dem Start des Programms müssen die Werte für φ_i auf $R_{01} - R_{12}$ gespeichert werden. Zur besseren Übersicht sollen die Werte der Tafel 1–8 blockweise Zeile für Zeile gedruckt oder falls kein Drucker vorhanden ist mit 3 ∗Pause angezeigt werden. Dadurch kommt der Demonstrationscharakter des Programms deutlich zum Ausdruck, denn diese Anzeige ist für die eigentliche Berechnung nicht notwendig.

Programmsegment 1–13 berechnet aus einer Mehrfeldertafel das Chi-Quadrat unter den soeben erläuterten Voraussetzungen. R_{00} nimmt über PSS 001 – 005 für den ∗Dsz-Befehl die Zählvariable (Laufindex) auf, und da im vorliegendem Fall eine 9 Feldertafel zu Grunde liegt, wird diese 9 über R/S eingegeben. Gleichzeitig wird R_{00} auch als Indexregister benutzt und somit stimmt Zählvariable (Laufindex) und Indexvariable überein. Dies ist deshalb möglich, weil jeder Term $\dfrac{(z_i - \varphi_i)^2}{\varphi_i}$ innerhalb eines Zyklus berechnet wird und $\varphi_1 - \varphi_9$ auf den Datenspeichern $R_{01} - R_{09}$ steht. Durch den indirekten Speicheraustausch (PSS 012 – 013) kann die erforderliche Subtraktion direkt im aktuellen Speicher erfolgen (PSS 017 – 019). Im nächsten Befehl wird φ_i im T-Register für die notwendige Division gesichert. Mit PSS 021 – 027 geschieht die Quadrierung im Speicher. In den weiteren Befehlen wird im Speicher noch die Division durch φ_i ausgeführt. Danach steht jedes $\dfrac{(z_i - \varphi_i)^2}{\varphi_i}$ nun an Stelle des ursprünglichen φ_i auf dem zugehörigen Datenspeicher.

Sind alle Felder berechnet, kommt es zum Abbruch des Zyklus und zum erneuten Bereitstellen der Zählvariablen (Laufindex) und gleichzeitig der Indexvariablen. Der indirekte Aufruf der Speicher $R_{09} - R_{01}$ ist der nächste Schritt und die Addierung ihres Inhalts im Anzeigeregister mit anschließendem Halt.

Beachte: Dadurch, daß die Zählvariable (Laufindex) gleichzeitig als Indexvariable benutzt wird, ist die Aufarbeitung von hinten nach vorne zwangsläufig. Deshalb muß zuerst das z_i des Feldes Wc, dann Wb, Wa, Vc usw. bei jedem Halt eingegeben werden. Auch die Summierung geschieht in gleicher Weise aber im Programmsegment automatisch.

Tabelle 1–5 ist der blockweise Ausdruck jeweils einer Zeile der Tafel 1–8, und zwar ebenfalls von unten nach oben zugeordnet. Die Zuordnung wird durch die deutlich unterschiedlichen Daten keine Schwierigkeiten bereiten.

Der soeben beschriebene Druck dient lediglich dem Zweck, sich in den Algorithmus besser einzuarbeiten, der für einen Chi-Quadrat-Test in Verbindung mit einer Mehrfeldertafel gültig ist.

Da bei einem Chi-Quadrat-Test lediglich die Prüfgröße $\hat{\chi}^2$ interessant ist, wurde im Programmsegment 1–14 auf jeden Druck bzw. Zwischenanzeige verzichtet. Die Eingabe und der gesamte Ablauf erfolgt in gleicher Weise, wie gerade beschrieben. Bis auf das Bereitstellen der Zählvariablen (Laufindex) und des ∗Dsz-Befehls wurden alle Operationen indirekt ausgeführt. Dieses Segment ist somit noch einmal eine gute Wiederholung der bisher behandelten indirekten Befehle. Aus der Vielzahl der indirekten Befehle müßte nun erwartet werden, daß im Gegensatz zu einem etwas sparsameren Gebrauch derartiger Befehle, der vorrangig auf den Verzicht einer indirekten Speichermultiplikation und -division beruht, eine Einsparung an Programmspeicherstellen eintritt. Dies ist aber, wenn einmal Programmsegment 1–15 zum Vergleich herangezogen wird und die absolut gleiche Aufgabe löst, erstaunlicher Weise durchaus nicht der Fall. Dies beruht darauf, daß in diesem Segment die Subtraktion in eine Addition (PSS 008 – 013) umgewandelt wurde und nun die gesamte Operation einschließlich der Quadrierung im Anzeigeregister erfolgen kann. Relativ viele Speicher werden durch die anschließende (ebenso wie im Programmsegment 1–14) Aufsummierung der einzelnen Ergebnisse benötigt. Die jeweils erforderlichen Programmspeicherstellen sind bei beiden Segmenten gleich. Die Laufzeit ist aber bei Programmsegment 1–15 nachweisbar kürzer.

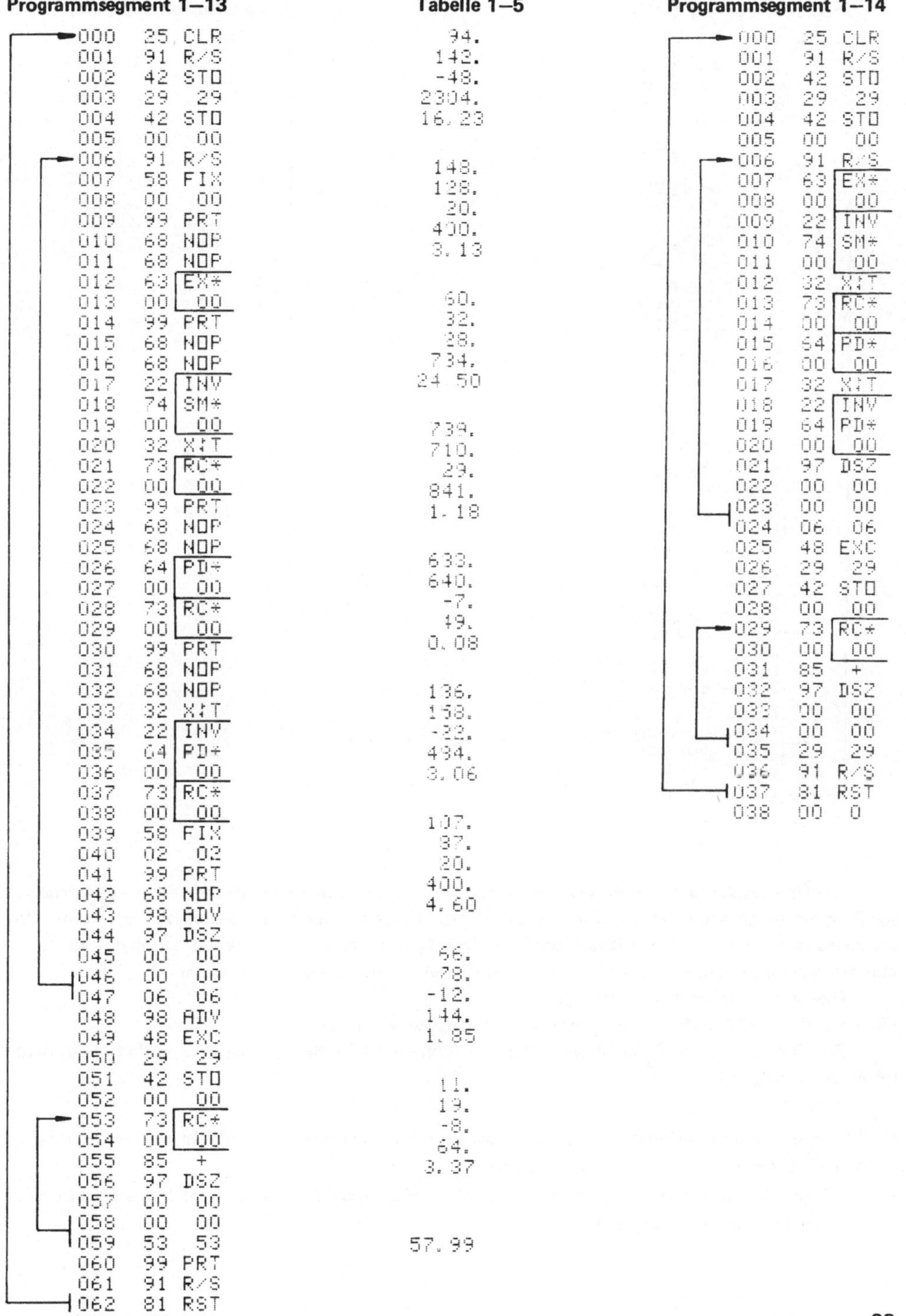

<table>
<tr><th>Programmsegment 1—13</th><th>Tabelle 1—5</th><th>Programmsegment 1—14</th></tr>
<tr><td>

```
000   25 CLR
001   91 R/S
002   42 STO
003   29   29
004   42 STO
005   00   00
006   91 R/S
007   58 FIX
008   00   00
009   99 PRT
010   68 NOP
011   68 NOP
012   63 EX*
013   00   00
014   99 PRT
015   68 NOP
016   68 NOP
017   22 INV
018   74 SM*
019   00   00
020   32 X:T
021   73 RC*
022   00   00
023   99 PRT
024   68 NOP
025   68 NOP
026   64 PD*
027   00   00
028   73 RC*
029   00   00
030   99 PRT
031   68 NOP
032   68 NOP
033   32 X:T
034   22 INV
035   64 PD*
036   00   00
037   73 RC*
038   00   00
039   58 FIX
040   02   02
041   99 PRT
042   68 NOP
043   98 ADV
044   97 DSZ
045   00   00
046   00   00
047   06   06
048   98 ADV
049   48 EXC
050   29   29
051   42 STO
052   00   00
053   73 RC*
054   00   00
055   85   +
056   97 DSZ
057   00   00
058   00   00
059   53   53
060   99 PRT
061   91 R/S
062   81 RST
063   00   0
```

</td><td>

```
  94.
 142.
 -48.
2304.
16.23

 148.
 128.
  20.
 400.
 3.13

  60.
  32.
  28.
 734.
24.50

 739.
 710.
  29.
 841.
 1.18

 633.
 640.
  -7.
  49.
 0.08

 136.
 158.
 -22.
 434.
 3.06

 107.
  37.
  20.
 400.
 4.60

  66.
  78.
 -12.
 144.
 1.85

  11.
  19.
  -8.
  64.
 3.37

57.99
```

</td><td>

```
000   25 CLR
001   91 R/S
002   42 STO
003   29   29
004   42 STO
005   00   00
006   91 R/S
007   63 EX*
008   00   00
009   22 INV
010   74 SM*
011   00   00
012   32 X:T
013   73 RC*
014   00   00
015   64 PD*
016   00   00
017   32 X:T
018   22 INV
019   64 PD*
020   00   00
021   97 DSZ
022   00   00
023   00   00
024   06   06
025   48 EXC
026   29   29
027   42 STO
028   00   00
029   73 RC*
030   00   00
031   85   +
032   97 DSZ
033   00   00
034   00   00
035   29   29
036   91 R/S
037   81 RST
038   00   0
```

</td></tr>
</table>

Programmsegment 1—15

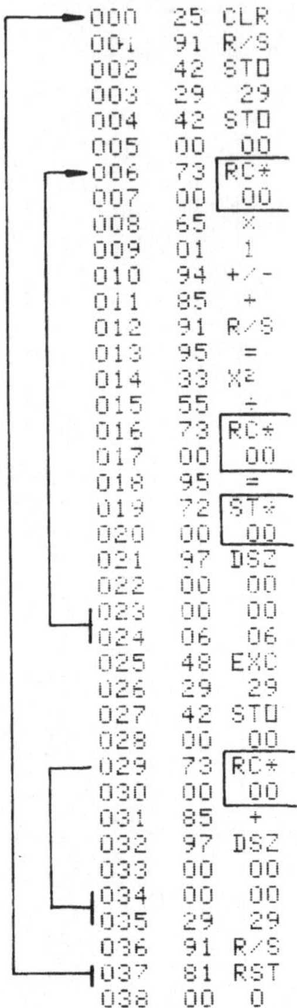

Programmsegment 1—16

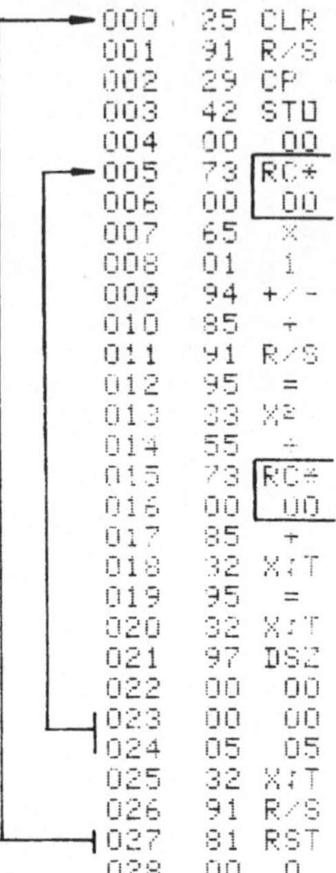

Die Überraschung bringt Programmsegment 1—16. Der prinzipielle Gedankenansatz wurde aus Programmsegment 1—15 entnommen und dabei angestrebt, die Summe aller $(z_i - \varphi_i)^2$ ohne Umspeicherung zu bilden und damit den zweiten *Dsz-Zyklus einzusparen. Die Sicherung der im Zyklus errechneten Ergebnisse geschah bei gleichzeitiger Summierung im T-Register.

Dies wird durch die Befehlsfolge

$\langle R_A \rangle + x \rightleftarrows t = $ (PSS 015 — 019) ermöglicht (T-Register-Addition).

Bei einer derartigen Befehlskombination erfolgt eine arithmetische Operation direkt mit dem Inhalt des T-Registers.

Beachte:

- Der erste Operand befindet sich vor der Operation im Anzeigeregister und der zweite Operand im T-Register und ist im ersten Zyklus eine Null.

- Das Ergebnis erscheint im Anzeigeregister nach Ausführung des Befehls = . Gleichzeitig wird nun der erste Operand Inhalt von R_T .

Da aber in den meisten Fällen das Ergebnis erhalten bleiben soll, so auch im vorliegenden Programmsegment, muß nachträglich noch einmal x $\rightleftarrows$ t folgen (PSS 020). Das Ergebnis bleibt auf diese Weise im T-Register erhalten, während der ursprünglich erste Operand ($\langle R_A \rangle$) im Laufe weiterer Operationen weiter verwendet oder überschrieben wird. Im vorliegenden Programmsegment wird er auf PSS 005 — 006 durch ein neues φ_i gelöscht.

Da dieser Programmiervorteil mit hoher Wahrscheinlichkeit in der Literatur noch nicht beschrieben wurde, erscheint es angebracht zu sein, darauf zu verweisen, daß sich in dieser Weise alle Rechenoperationen ausführen lassen, soweit sie zwei Bedingungen erfüllen:

● Operation mit zwei Operanden

● Abschluß der Operation mit einem Gleichheitszeichen

Dies bedeutet für AOS-Rechner das Anwenden folgender T-Register-Operationen + ; — ; x ; — ; y^x ; INV y^x. Vollständigkeitshalber sei noch die Definition für diese Operationen angeführt

$$
\begin{array}{lll}
& \text{1. Operand} & \text{2. Operand} \\
\langle R_{A\,neu} \rangle := \langle R_{A\,alt} \rangle & \text{T-Operation} \quad \langle R_T \rangle & \text{und gleichzeitig} \\
\langle R_T \rangle := \langle R_{A\,alt} \rangle &
\end{array}
$$

nach erneuten x $\rightleftarrows$ t Befehl:

$$
\begin{array}{l}
\langle R_A \rangle := \text{1. Operand} \\
\langle R_T \rangle := \text{Ergebnis der Operation}
\end{array}
$$

Derartige T-Register-Operationen bringen im Programmzyklus, in denen T-Register nicht für andere Zwecke benötigt werden, unter günstigen Bedingungen erhebliche Einsparungen an Programmspeicherstellen, wie Programmsegment 1—16 überzeugend demonstriert. Daraus eine Einschränkung beim Anwenden von indirekten Speichermultiplikationen und -divisionen abzuleiten, wäre natürlich falsch, denn der Vorteil ergibt sich vorrangig daraus, daß nach Abbruch der *Dsz-Schleife im T-Register folgendes steht:

$$
\sum_{i=1}^{m} \frac{(z_i - \varphi_i)^2}{\varphi_i} \quad \text{und diese Summe ist das gesuchte } \chi^2.
$$

Durch den Befehl auf PSS 025 wird das Chi-Quadrat in der Anzeige sichtbar.

1.1.3 Indirekte unbedingte Sprungbefehle

Die Besonderheit dieser Befehlsgruppe, wozu der indirekte Sprungbefehl ohne Bedingung (GTO) und der indirekte Unterprogrammsprung (SBR) gehört, besteht darin, daß die Indexvariable als Adresse einer Programmspeicherstelle interpretiert wird.

Label können natürlich nicht Inhalt des Indexregisters sein. Dies hat zur Folge, daß die aktuelle Indexvariable mit der absoluten Adresse der Programmspeicherstelle übereinstimmen muß. Dieser Gesichtspunkt ist vor allem im Stadium des Entstehens eines Programms von hoher Bedeutung, denn bei einer Korrektur (z.B. Einschieben eines einzigen Befehls), muß auch sofort die Indexvariable verändert werden.

Die Anwendung setzt in der Regel relativ lange und/oder vielverzweigte Programme voraus, denn nur dann bringt die indirekte Programmierung derartiger Sprungbefehle Vorteile.

1.1.3.1 Indirekte Sprungbefehle ohne Bedingung (GTO)

Definition des Grundbefehls
Symbolische Darstellung: GTO bbb[9]

$$\langle PZ \rangle := \rangle bbb \langle$$

Dies bedeutet, daß der Programmzeiger (symbolische Abkürzung PZ) auf die nach dem Befehl GTO kommende Adresse bbb eingestellt wird. Die bisher im Programmzeiger enthaltene Adresse wird überschrieben. Dadurch wird die natürliche Befehlsabarbeitung sofort unterbrochen (ohne jede Bedingung — also unbedingt) und an der Stelle des Programms fortgesetzt, deren Adresse im Befehl enthalten ist.

Definition des indirekten Sprungbefehls (ohne Bedingung)

Symbolische Darstellung: GTO *Ind $\boxed{R_{I\,dd}}$

Code: 83 dd   Drucksymbol: GO* dd
Das Zeitverhältnis zwischen direktem und indirektem Befehl beträgt 100 : 100.
Siehe halbsymbolische Darstellung 1—7.

halbsymbolische Darstellung 1—7

```
000   00    0
001   83   GO*
002   11   11
003   00    0
```

Auch für Indexvariable, die als Adresse der Programmspeicherstelle ($\langle PZ \rangle$) gedeutet werden, kann jeder frei wählbare Datenspeicher R_{dd} die Funktion des Indexregisters übernehmen ($R_{I\,dd}$).

Es gilt: $I_V := \langle R_{I\,dd} \rangle$
   $\rangle bbb \langle := I_V$
   $\langle PZ \rangle := \rangle bbb \langle$

Eine sehr vorteilhafte Anwendung dieses indirekten Befehls ergibt sich beispielsweise dann, wenn das Programm schon am Anfang eine Vielzahl von Verzweigungsmöglichkeiten verlangt (siehe Programmsegment 3—5). In vorliegender Form ist das Programmsegment 1—17 ein Eingabeprogramm für die Bereitstellung von Parametern, die bei geblitzten Nahaufnahmen in der Fotografie notwendig sind. Für derartige Aufgabenstellungen gibt es heute Spezial-Blitzgeräte, deren Energieabgabe durch einen Leistungsschalter stufenweise reduziert werden kann. Diese verkürzt die Blitzzeit und vermindert die Leitzahl. Zusätzlich ist es möglich, durch einen Televorsatz die Leitzahl wiederum indirekt zu erhöhen. Die Benutzung der eingebauten Vorrichtung zur automatisch geregelten Lichtmengenabgabe (sogenannter Computerbetrieb) ist bei einer vorgenommenen Energieumschaltung nicht möglich. Deshalb muß mit der herkömmlichen Leitzahlformel gerechnet werden. Da meist bei Nahaufnahmen der Blendenwert vorgegeben wird (zum Beispiel K = 22), ist es notwendig, den Abstand der Blitzlampen zu errechnen, der zusätzlich noch vom Abbildungsmaßstab, DIN-Wert des Filmmaterials und von Kennwerten des Objektivs ganz erheblich beeinflußt wird[10].

---

[9] Aus methodischen Gründen wird die Möglichkeit, diesen Befehl auch mit Label als Adresse auszuführen, hier nicht berücksichtigt, da dies — wie schon erwähnt — bei der indirekten Programmierung nicht ausführbar ist. Dies gilt im weiteren auch für alle Arten von indirekten Befehlen, deren Indexvariablen als PSS-Adresse (PS_{bbb}) interpretiert wird.

[10] Wer sich für derartige Probleme näher interessiert, dem sei folgender Buchtitel empfohlen: Tölke, I. u. A. Tölke. Moderne Blitzlicht Fotografie. Heering Verlag München 1981, 2. Auflage

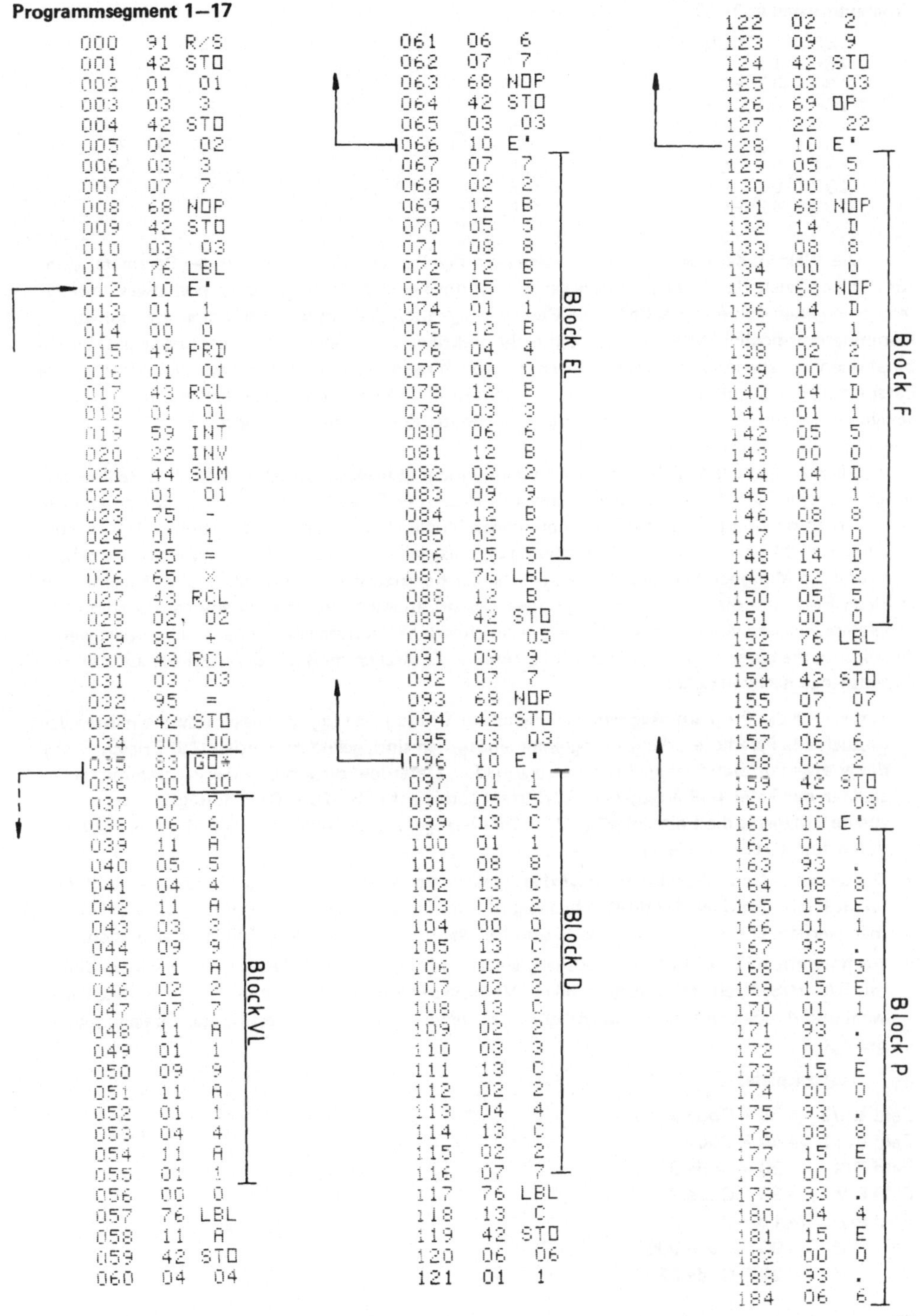

```
000  91  R/S        061  06   6         122  02   2
001  42  STO        062  07   7         123  09   9
002  01  01         063  68  NOP        124  42  STO
003  03   3         064  42  STO        125  03  03
004  42  STO        065  03  03         126  69  OP
005  02  02         066  10  E'         127  22  22
006  03   3         067  07   7         128  10  E'
007  07   7         068  02   2         129  05   5
008  68  NOP        069  12   B         130  00   0
009  42  STO        070  05   5         131  68  NOP
010  03  03         071  08   8         132  14   D
011  76  LBL        072  12   B         133  08   8
012  10  E'         073  05   5         134  00   0
013  01   1         074  01   1         135  68  NOP
014  00   0         075  12   B         136  14   D
015  49  PRD        076  04   4         137  01   1
016  01  01         077  00   0         138  02   2
017  43  RCL        078  12   B         139  00   0
018  01  01         079  03   3         140  14   D
019  59  INT        080  06   6         141  01   1
020  22  INV        081  12   B         142  05   5
021  44  SUM        082  02   2         143  00   0
022  01  01         083  09   9         144  14   D
023  75   -         084  12   B         145  01   1
024  01   1         085  02   2         146  08   8
025  95   =         086  05   5         147  00   0
026  65   ×         087  76  LBL        148  14   D
027  43  RCL        088  12   B         149  02   2
028  02  02         089  42  STO        150  05   5
029  85   +         090  05  05         151  00   0
030  43  RCL        091  09   9         152  76  LBL
031  03  03         092  07   7         153  14   D
032  95   =         093  68  NOP        154  42  STO
033  42  STO        094  42  STO        155  07  07
034  00  00         095  03  03         156  01   1
035  83  GO*        096  10  E'         157  06   6
036  00  00         097  01   1         158  02   2
037  07   7         098  05   5         159  42  STO
038  06   6         099  13   C         160  03  03
039  11   A         100  01   1         161  10  E'
040  05   5         101  08   8         162  01   1
041  04   4         102  13   C         163  93   .
042  11   A         103  02   2         164  08   8
043  03   3         104  00   0         165  15   E
044  09   9         105  13   C         166  01   1
045  11   A         106  02   2         167  93   .
046  02   2         107  02   2         168  05   5
047  07   7         108  13   C         169  15   E
048  11   A         109  02   2         170  01   1
049  01   1         110  03   3         171  93   .
050  09   9         111  13   C         172  01   1
051  11   A         112  02   2         173  15   E
052  01   1         113  04   4         174  00   0
053  04   4         114  13   C         175  93   .
054  11   A         115  02   2         176  08   8
055  01   1         116  07   7         177  15   E
056  00   0         117  76  LBL        178  00   0
057  76  LBL        118  13   C         179  93   .
058  11   A         119  42  STO        180  04   4
059  42  STO        120  06  06         181  15   E
060  04  04         121  01   1         182  00   0
                                        183  93   .
                                        184  06   6
```

Block EL (067–086) · Block VL (037–055) · Block D (097–116) · Block F (129–151) · Block P (162–184)

185	76	LBL	194	01	01	203	01	1
186	15	E	195	43	RCL	204	00	0
187	42	STD	196	01	01	205	00	0
188	08	08	197	59	INT	206	49	PRD
189	01	1	198	22	INV	207	01	01
190	00	0	199	44	SUM	208	91	R/S
191	00	0	200	01	01	209	81	RST
192	00	0	201	42	STD	210	00	0
193	49	PRD	202	03	03			

Die Vielzahl der dem Rechner für eine derartige Berechnung einzugebenden Parameter sind aus der Kopfleiste der Tafel 1—9 zu erkennen. Ist die eigene Fotoausrüstung schon etwas umfangreicher, ergeben sich entsprechend den Gesetzmäßigkeiten der Kombinatorik eine Vielzahl von Kombinationsmöglichkeiten. Es ist nicht mehr praktikabel, die jeweiligen Ergebnisse einzelner Kombinationen in Tabellen zusammenzufassen. Erheblich rationeller ist es in diesem Fall, die einzelnen Parameter (im gewählten Tabellenbeispiel = 33) direkt im Programm abzuspeichern und die jeweilig gewünschte Kombination aller notwendigen Parameter dem Rechner in Form einer *„Dezimalcode-Variante"* ein einziges Mal einzugeben.

Diese Aufgabe läßt sich relativ einfach mit einem indirekten Sprungbefehl ohne Bedingung programmieren. Durch den Bediener lassen sich so aus der Tafel 1—9 12348 Varianten zusammenstellen. Wird die Spalte Z (mit 25 angenommenen Möglichkeiten) und die Spalte K (mit 8 angenommenen Möglichkeiten) mit in die Berechnung der möglichen Kombinationen einbezogen, ergeben sich rund 2,5 Millionen (!) Code-Varianten. Bei der Benutzung des Programms ist zu beachten, daß in dieser Form nur die zur Berechnung notwendigen Variablen, die im Programm auf bestimmten Programmspeicherstellen stehen, auf die entsprechenden Datenspeicher sicher transportiert werden. Die eigentliche Berechnung ist nicht mit aufgeführt. Zusätzlich muß der Benutzer die aufgeführten Arbeitsgänge nachvollziehen:

- Anpassung des Programmsegments an die eigene Fotoausrüstung. Zu diesem Zweck müssen vermutlich alle Parameter, die im Programm eingegeben sind, geändert werden. Zur Erleichterung dieser etwas umständlichen Arbeit wird zu jedem Datenfeld die Adresse der Programmspeicherstelle in der Tafel 1—9 angegeben. EL/2 steht somit auf PSS 070 — 071. Beträgt für das eigene zweite Blitzgerät die Leitzahl 40 (auf 21 DIN bezogen), muß also auf PSS 070 — 071 die 58 durch eine 40 überschrieben werden.

- Die gewählte Gerätekombination wird als „Dezimalcode-Variante" verschlüsselt. Da der Pupillenmaßstab vom Objektiv direkt abhängig ist, muß für P die Codezahl von F unbedingt übernommen werden. Die Werte von Z und K sind frei wählbar. Auf führende Nullen ist zu achten.

- Rechner mit RST auf Programmausgangssituation bringen und Code-Variante eingeben. Start mit R/S R/S. Nach Halt hat der Code in Verbindung mit dem Programm für die richtige Auswahl und Abspeicherung der eigentlichen Parameter auf die für sie bestimmten Speicherplätze gesorgt.

Testbeispiele:

Feld VL/2	:= 54 ≙	Code 2
Feld EL/4	:= 40 ≙	Code 4
Feld D/3	:= 20 ≙	Code 3
Feld F/2	:= 80 ≙	Code 2
Feld P/2	:= 1,5 ≙	Code 2
Z	:= 90 ≙	Code 090
K	:= 22 ≙	Code 22

Tafel 1—9

	Leitzahl für Vorderlicht (bezogen auf 21 DIN)	Leitzahl für Effektlicht (bezogen auf 21 DIN)	DIN-Wert des Films (Lichtempfindlichkeit)	Brennweite des Objektivs in mm	Pupillenmaßstab des Objektivs	vorhandene Auszugsverlängerung für aktuelle Nahaufnahme in mm	Objektiv-Blendenzahl bei der die Aufnahme gemacht werden soll
Block-Symbol	VL	EL	D	F	P	Z	K
Datenregister	R_{04}	R_{05}	R_{06}	R_{07}	R_{08}	R_{03}	R_{01}
PSS Variante 1	037/038 76	067/068 72	097/098 15	129—131 050	162—164 1,8		
PSS Variante 2	040/041 54	070/071 58	100/101 18	133—135 080	166—168 1,5		
PSS Variante 3	043/044 39	073/074 51	103/104 20	137—139 120	170—172 1,1	Beliebiger Wert (dreistellig) $1 \leqq Z \leqq 999$ Führende Nullen mit eingeben bei < 100	Beliebiger Wert (zweistellig) $8 \leqq K \leqq 90$ Führende Nullen mit eingeben bei < 10
PSS Variante 4	046/047 27	076/077 40	106/107 22	141—143 150	174—176 0,8		
PSS Variante 5	049/050 19	079/080 36	109/110 23	145—147 180	178—180 0,4		
PSS Variante 6	052/053 14	082/083 29	112/113 24	149—151 250	182—184 0,6		
PSS Variante 7	055/056 10	085/086 25	115/116 27	— —	— —		
Stelligkeit als Code	1	1	1	1	1	3	2
maximale Stelligkeit als eigener Wert	2	2	2	3	3	3	2
im Programm Variantenanzahl	7	7	7	6	6	beliebig	beliebig

Code-Variante: .2432209022

Ergebnis: auf R_{01} steht 22 (Blendenwert)
auf R_{03} steht 90 (Auszugsverlängerung in mm)
auf R_{04} steht 54 (Leitzahl für Vorderlicht (21 DIN))
auf R_{05} steht 40 (Leitzahl für Effektlicht (21 DIN))
auf R_{06} steht 20 (Film mit 20 DIN Lichtempfindlichkeit)
auf R_{07} steht 80 (Objektivbrennweite f = 80 mm)
auf R_{08} steht 1,5 (Pupillenmaßstab des Objektivs = 1,5)

Das Programm ist bewußt relativ einfach aufgebaut, damit es in ähnlicher Form auch bei anderen Aufgaben als Eingabeprogramm für verhältnismäßig viele Variable den individuellen Bedürfnissen angepaßt werden kann. So zum Beispiel bei der Berechnung der Wärmeisolierung eines Raumes oder eines ganzen Hauses. Hierzu muß mit den verschiedensten Wärmeleitzahlen von Bau- und Dämmstoffen, Wandstärke, Größe der Fensterflächen usw. gerechnet werden. Werte von Varianten lassen sich in dieser Weise bequem errechnen.

Programmbeschreibung (Programmsegment 1–17):

R_{00} Indexregister für Indexvariable. Diese besteht Zyklus für Zyklus nacheinander aus verschiedenen PS-Adressen, die sich aus der Anfangsadresse des Parameterblocks mit einem transformierten Wert ergibt.

R_{01} Code-Variante, die schrittweise abgebaut wird und zum Schluß den Wert für K enthält.

R_{02} Transformierungswert, der von der Stelligkeit der Parameter abhängt. Anfangs eine 3.

R_{03} Anfangsadresse der einzelnen Blöcke, zum Beispiel für VL ⟩037⟨ usw. Die übrigen Speicherbelegungen ergeben sich aus der Tafel 1–9.

In der weiteren Erläuterung, einschließlich der Formel und Tafel 1–9 kommen einige Symbole aus der Fotografie vor, deren Bedeutung schon an dieser Stelle erklärt werden soll. Ihre Schreibweise wird hier ohne Ausnahme als Großbuchstaben wiedergegeben, was sonst in der Fotografie nicht in jedem Fall üblich ist, damit bei der Ausgabe mit einem Thermodrucker (siehe hierzu auch Tabelle 2–6) keine Irrtümer passieren können.

Z Auszugsverlängerung (in mm)
K Blendenwert oder auch als Blendenzahl bezeichnet
L Leitzahl der Blitzlampe – auf 21 DIN bezogen
E Entfernung der Blitzlampe (in cm) vom Objekt
P Pupillenmaßstab
F Brennweite des Objektivs (in mm)
D aktueller DIN-Wert des Filmmaterials

Zwischen PSS 011 – 036 wird die aktuelle Indexvariable für den indirekten Sprungbefehl aufgebaut. Hierzu wird zuerst die erste Code-Zahl durch die Multiplikation mit 10 vor das Komma gebracht und als Integer-Zahl isoliert und gleichzeitig diese Code-Zahl von der Code-Variante durch eine Speichersubtraktion abgetrennt. Die nachfolgende Transformierung und Umwandlung in eine aktuelle Adresse (Indexvariable) geschieht nach dem Algorithmus:

$$\rangle bbb \langle \; := (\text{isolierte aktuelle Code-Zahl} - 1) \cdot 3 + \text{Anfangsadresse des aktuellen Blocks}$$

$$I_V \; := \rangle bbb \langle$$

$$\langle R_{I\,dd} \rangle := I_V$$

Nun kommt die Abspeicherung der Parameter des ersten Blocks (PSS 037 – 056). Da durch den indirekten Ansprung nur 1 Parameter Inhalt von R_A wird, erfolgt unmittelbar daran Abspeicherung auf R_{04}. Dann wird auf R_{03} die Anfangsadresse des nächsten Blocks bereitgestellt. Auf den Rücksprung kommt wiederum die Bildung der aktuellen Indexvariablen, bis nach Abarbeitung der Zyklen PSS 189 erreicht ist. Da in R_{01} nur noch die nicht codierten Werte für Z und K stehen, ist ein Rücksprung nicht mehr notwendig, wobei das Isolierungsprinzip – diesmal aber mit der Konstanten 1000 – beibehalten wird. Nach der Linksverschiebung von K bleibt der Blendenwert gleich auf dem Speicherplatz R_{01} stehen.

An dieses Programmsegment würde sich die Berechnung der Lampenabstände E in cm anschließen und zwar nach der Formel:

$$E = \frac{100 \cdot L}{\left(\dfrac{\dfrac{Z}{F}}{P} + 1 \right) \cdot K}$$

Die Leitzahl L muß vorher noch auf den DIN-Wert D des verwendeten Filmmaterials umgerechnet werden.

Zusammenfassung: Der für die Aufgabe benötigte Aufwand der Programmspeicherstellen ist natürlich entscheidend von der Anzahl der zugelassenen Variantenanzahl jedes einzelnen Blocks abhängig, aber in jedem Fall relativ hoch. Der Vorteil liegt in der Bequemlichkeit der Eingabe, die allerdings erst nach einer ausgeführten Codierung beginnt. Eine einzige Eingabe an Stelle von 7 Eingaben, dabei ließe sich die Variantenanzahl innerhalb eines Blocks zumindest bis 9 bequem erhöhen. Der große Vorteil liegt aber auch darin, daß sich durch verschiedenartig ausgewählte Code-Varianten die bestgeeignete Gerätekombination mit dem Rechner finden läßt. Dies gilt für andersartige Probleme in gleicher Weise.

1.1.3.2 Indirekter Unterprogrammsprung (SBR)

Definition des Grundbefehls

Symbolische Darstellung: SBR bbb[11]

Es gilt: $\langle RSR \rangle := \langle PZ \rangle + 1$ und danach

$\langle PZ \rangle := \rangle bbb \langle$

Bei einem Sprung in ein Unterprogramm mit der absoluten Adresse bbb passiert folgendes:
Da entsprechend der Definition für ein Unterprogramm dieses mit der Befehlsfolge INV SBR $\hat{=}$ RTN[12] abgeschlossen sein muß, die einem Befehl zur Rückkehr in das Hauptprogramm entspricht, wird dies durch den ersten Vorgang gesichert. Im Rücksprungregister (symbolische Abkürzung RSR) wird der um 1 erhöhte Wert des Programmzeigers (PZ) gesichert. Ist dies geschehen, nimmt der Programmzeiger (PZ) die nach dem Befehl SBR kommende Adresse auf. Nun wird die Abarbeitung bei dieser PSS ($\langle PZ \rangle$) fortgesetzt, bis oben genannte Befehlsfolge erreicht ist. An dieser Stelle kommt es zum Austausch

$\langle PZ \rangle := \langle RSR \rangle$

$\langle RSR \rangle := 0$

dadurch wird das Programm an der vorübergehend unterbrochenen Stelle fortgesetzt. Die gleichzeitige Löschung des Rücksprungregisters schafft Platz für einen möglichen weiteren Unterprogrammsprung.
   Auch wenn bei AOS-Rechnern bis zu 6 Ebenen möglich sind, ändert dies nichts an der soeben beschriebenen prinzipiellen Wirkungsweise.

Definition des indirekten Unterprogrammsprungs

Symbolische Darstellung: SBR *Ind $\boxed{R_{I\,dd}}$

Code: 71 40 dd   Drucksymbol: SBR IND dd

Das Zeitverhältnis zwischen direktem und indirektem Befehl beträgt 100 : 100.
   Siehe halbsymbolische Darstellung 1—8.
   Die Indexvariable, die in jedem frei wählbaren Datenspeicher R_{dd} abgespeichert sein kann, wird wie bei einem indirekten Sprungbefehl als Programmspeicherstelle ($\langle PZ \rangle$) interpretiert.

Es gilt: $\langle RSR \rangle := \langle PZ \rangle + 1$ und danach

$I_V := \langle R_{I\,dd} \rangle$

$\rangle bbb \langle := I_V$

$\langle PZ \rangle := \rangle bbb \langle$

halbsymbolische Darstellung 1—8

```
000   00   0
001   71   SBR
002   40   IND
003   11   11
004   00   0
```

----

[11] siehe hierzu Fußnote beim unbedingten Sprungbefehl ([9])

[12] RTN ist eine Abkürzung des englischen Wortes return, was soviel wie „kehre zurück" bedeutet.

Dies bedeutet letztenendes, daß der Absprung zu einer PS-Stelle erfolgt, deren Nummer Inhalt des Indexregisters ist. Die Rücksprungadresse ist in keinem Fall vom indirekten Befehl betroffen, das heißt, hier gelten die gleichen Bedingungen wie bei einem normalen Unterprogrammsprung.

Es ist wichtig, sich diese Zusammenhänge genau klar zu machen, denn daraus ergibt sich zwangsläufig, daß ein indirekter Unterprogrammsprung nur dann Einsparungen an Speicherkapazität bringt, wenn zumindest eine von zwei Bedingungen erfüllt ist. An der jeweils gleichen Stelle des Hauptprogramms, dessen Programmteil zyklisch durchlaufen wird, kommt es je nach Situation zu einem Absprung

- in eins von mehreren unterschiedlichen Unterprogrammen
- zu verschiedenen Stellen eines einzigen Unterprogramms.

In beiden Fällen erhält das Indexregister vor dem SBR *Ind-Befehl als Indexvariable die hierzu notwendige absolute Adresse. Die meisten Vorteile bringt in der Regel die zweite Möglichkeit, wobei aber zu bedenken ist, daß gleichgültig an welcher Stelle in ein Unterprogramm mit absoluten Befehlen eingesprungen wird, dieses aber bis zum Rücksprung in das Hauptprogramm jedesmal bis zum RTN-Befehl abgearbeitet wird. Eine solche Programmsituation kommt selten vor.

Wird bei der Ermittlung eines eventuellen Vorteils der zusätzliche Aufwand an PS-Stellen und an Datenspeicher gezählt, so lohnt der Aufwand nur in außergewöhnlichen Situationen, denn die verschiedenen Indexvariablen für die unterschiedlichen Ansprünge können in diesem Fall ja nicht im Programm eingebaut sein. Zusätzlich ist ein Indexregister notwendig. Aus diesen Gründen wird vor der Anwendung eines derartigen Befehls in einem Programm abgeraten, denn der SBR-Befehl ist schon in direkter Form äußerst leistungsstark. Hinzu kommen bei direkter Programmierung eines Unterprogrammbefehls die Vorteile des Verwendens von allgemeinen Label oder von Programm-Adreßtasten, die bei indirekter Programmierung nicht verwendet werden können.

Trotz dieser Einschränkung soll die Wirkungsweise am Programmsegment 1–18 verständlich gemacht werden. Das mathematische Modell ist die Ermittlung des Potenzwertes (Basis 10) aus einem variablen Exponenten (x) mit natürlichen Zahlen im Bereich $1 \leqslant x \leqslant 9$. Mit R/S (PSS 000) wird lediglich der Exponent eingegeben. Der Potenzwert erscheint in der Anzeige.

Eingabe			Ausgabe	
1	$\doteq$	10^1	=	10
2	$\doteq$	10^2	=	100
.		.		.
.		.		.
.		.		.
9	$\doteq$	10^9	=	1 000 000 000

Dieses Beispiel könnte möglicherweise bei der Isolierung einer Ziffer (z.B. ein Code) aus einer mehrstelligen Zahl einen Nutzen bringen. Entsprechend ist das Unterprogramm aufgebaut, das je nach Exponent durch die im Bereich von PSS 001 – 011 gebildete absolute Adresse an der richtigen Stelle durch einen indirekten Unterprogramm-Befehl angesprungen wird. R_{00} wirkt als Indexregister.

Zu beachten ist, daß die fast am Ende des Unterprogramms stehende Adresse 038 bei PSS 008 – 010 in die Berechnung der Indexvariablen mit eingeht, wobei auch noch eine Transformierung notwendig wird. Dadurch wird der Exponent im Unterprogramm letztenendes noch einmal berechnet. Allein aus dieser Tatsache ist bei diesem Segment der ausschließlich didaktische Wert zu erkennen. Auch wenn dieses Beispiel im ersten Augenblick durchaus überzeugend wirken mag, so ist doch sein realer Nutzen relativ gering.

Zur Überprüfung des Wirkungsgrades eines solchen Prinzips sollen deshalb zusätzlich noch Programmsegment 1–19a und Programmsegment 1–19b dienen. Diese beiden Programmsegmente haben die gleiche Zielstellung wie Programmsegment 1–17 (!). Allerdings mit dem Unterschied, daß die für die Berechnung nötigen Parameter nicht innerhalb des Programms enthalten sind, son-

Programmsegment 1–18   **Programmsegment 1–19a**

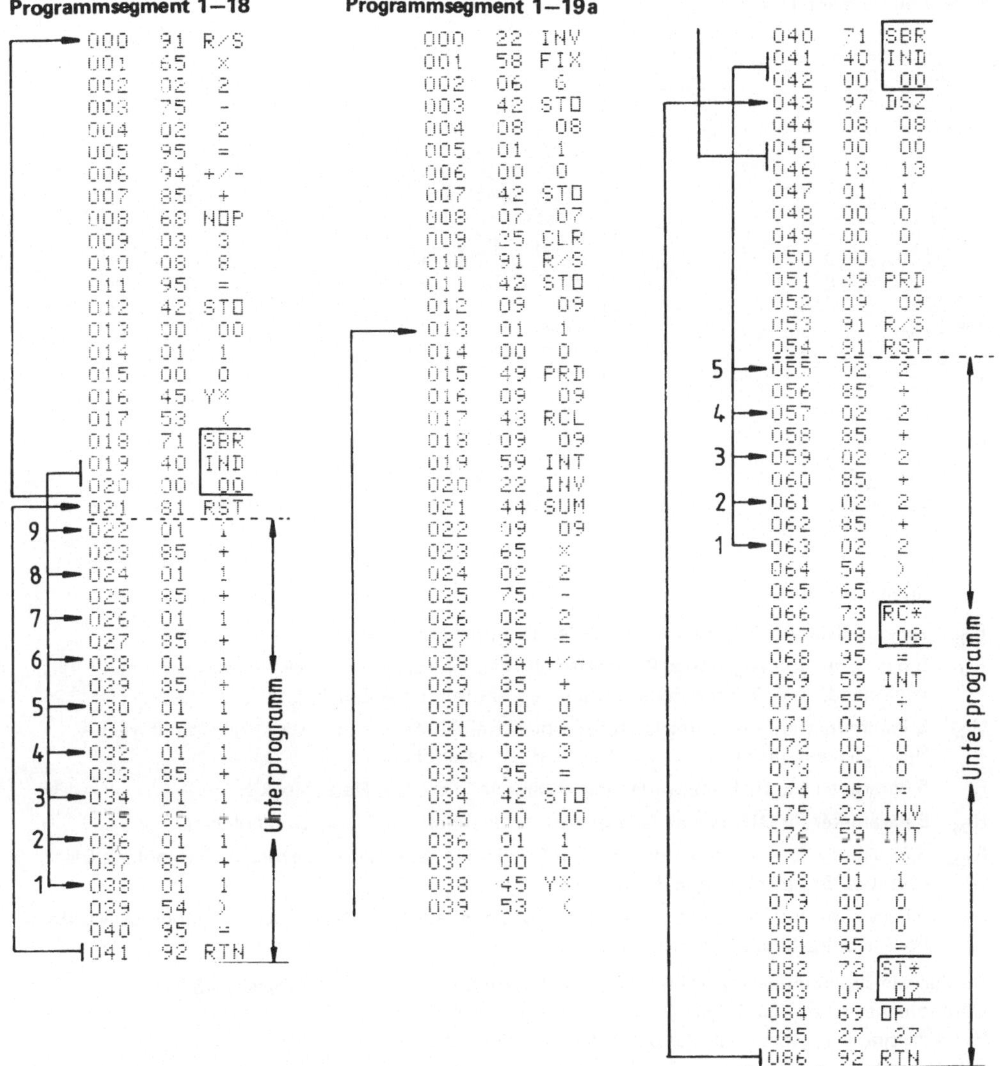

dern sich als Dezimalzahl jeweils paarig auf $R_{01} - R_{06}$ befinden. Der Code — wiederum als Dezimalzahl dem Programm eingegeben — soll letztlich dafür sorgen, daß Zyklus für Zyklus die richtige Auswahl in Form von zweiziffrigen Zahlen zur Wirkung kommt und anschließend zur weiteren Berechnung auf $R_{09} - R_{15}$ gespeichert wird. Dabei ist der Code nicht mit den tatsächlichen Werten zu verwechseln.

Um einen genauen Vergleich zwischen beiden Programmsegmenten zu ermöglichen, wurde die Speicherbelegung nicht verändert.

Programmsegment 1–19 b

```
000   22  INV        022   09   09        044   01    1
001   58  FIX        023   65   ×         045   00    0
002   06   6         024   02   2         046   00    0
003   42  STO        025   95   =         047   95    =
004   08   08        026   32  X:T        048   72  ST*
005   01   1         027   01   1         049   07   07
006   00   0         028   00   0         050   69  OP
007   42  STO        029   45  Y×         051   27   27
008   07   07        030   32  X:T        052   97  DSZ
009   25  CLR        031   65   ×         053   08   08
010   91  R/S        032   73  RC*        054   00   00
011   42  STO        033   08   08        055   13   13
012   09   09        034   95   =         056   01    1
013   01   1         035   59  INT        057   00    0
014   00   0         036   55   ÷         058   00    0
015   49  PRD        037   01   1         059   00    0
016   09   09        038   00   0         060   49  PRD
017   43  RCL        039   00   0         061   09   09
018   09   09        040   95   =         062   81  RST
019   59  INT        041   22  INV        063   00    0
020   22  INV        042   59  INT
021   44  SUM        043   65   ×
```

Speicherbelegung:

R_{00} Indexregister für Adresse des indirekten Unterprogrammsprungs

R_{01} 5 paarig zusammengehörige Parameter für Blendenwerte, wobei jeweils vom Komma (Punkt) beginnend, zwei Dezimalstellen zusammengehören. Datenblock K

R_{02} 5 Parameter für Pupillenmaßstab der Objektive. Abspeicherung bzw. Anordnung wie bei R_{01}. Gleiches gilt für Inhalt von R_{03} – R_{06}. Datenblock P

R_{03} 5 Parameter für die Brennweiten der Objektive in cm (!). Datenblock F

R_{04} 5 Parameter für DIN-Werte der Lichtempfindlichkeit der Filme. Datenblock D

R_{05} 5 Parameter für Leitzahlen der zweiten Blitzlampe (auf 21 DIN bezogen). Datenblock EL (Symbol für Leitzahl des Effektlichts).

R_{06} 5 Parameter für Leitzahlen der ersten Blitzlampe (auf 21 DIN bezogen). Datenblock VL (Symbol für Leitzahl des Vorderlichts).

Die für den Programmtest gewählte Belegung (Werte der Datenblöcke) ist aus der Tabelle 1–6 zu ersehen. Die Zahlenwerte sind weitgehend mit der der Tafel 1–9 identisch. Allerdings sind im vorliegenden Fall nur jeweils 5 Varianten für jeden Datenblock zugelassen.

Tabelle 1–6

```
         0.            00
.0811362373            01
.1815110304            02
.0508121513            03
.1518202323            04
.7258514036            05
.7654392713            06
         0.            07
         0.            08
         0.            09
         0.            10
         0.            11
         0.            12
         0.            13
         0.            14
         0.            15
```

R_{07} Indexregister für die richtige Abspeicherung der ausgewählten Parameter auf dem zugehörigen Datenspeicherplatz.

R_{08} Zählvariable (Laufindex) für den *Dsz-Befehl. Gleichzeitig als Indexregister für Aufruf der auf R_{06} — R_{01} gespeicherten Datenblöcke.

R_{09} Anfangs als Arbeitsspeicher für die eingegebenen Code-Varianten. Nach Abbruch der *Dsz-Schleife Aufnahme der gewählten Auszugsverlängerung in mm. Dieser Wert steht unverschlüsselt direkt am Ende der Code-Variante. Da die Berechnung auf eine dreistellige Zahl beruht, ist bei geringerer Stelligkeit auf führende Nullen bei der Eingabe zu achten.

R_{10} Entsprechend dem Code (VL) ausgewählte Leitzahl für erste Blitzlampe

R_{11} Entsprechend dem Code (EL) ausgewählte Leitzahl für zweite Blitzlampe

R_{12} Entsprechend dem Code (D) ausgewählter DIN-Wert

R_{13} Entsprechend dem Code (F) ausgewählte Objektivbrennweite in cm (!)

R_{14} Entsprechend dem Code (P) ausgewählter Pupillenmaßstab; muß für Berechnungen noch durch 10 dividiert werden.

R_{15} Entsprechend dem Code (K) ausgewählter Blendenwert.

Testwerte: (für beide Varianten gleich)
Code: .213454095
Die Ergebnisse sind aus der Tabelle 1—7 zu ersehen. Dabei wären nur die Datenspeicher R_{09} — R_{15} interessant, denn die in R_{01} — R_{06} gespeicherten Parameter (Datenblöcke) sind vom Programm nicht verändert worden.

Tabelle 1—7

```
          57.          00
.0811162332            01
.1815110304            02
.0508121518            03
.1518202223            04
.7258514036            05
.7654392719            06
          16.          07
           0.          08
          95.          09
          54.          10
          72.          11
          20.          12
          15.          13
           4.          14
          22.          15
```

Programmablauf des Programmsegment 1—19a:

1. Im Bereich von PSS 000 — 012 werden die Indexvariablen für Indexregister R_{07} und die Zählvariable (Laufindex) für R_{08} bereitgestellt. Über R/S erfolgt die Eingabe der Code-Variante und wird auf R_{09} gespeichert.

2. Im Bereich von PSS 013 — 022 wird die aktuelle Code-Zahl isoliert und von der Code-Variante auf R_{09} abgetrennt.

3. Im Bereich von PSS 021 — 042 wird die aktuelle Adresse für den indirekten Unterprogrammsprung aufgebaut und zwar nach den gleichen Prinzipien wie im Programmsegment 1—18 schon beschrieben. Durch den Befehl Y^X mit der Basis 10 erfolgt die Vorbereitung für die richtige Isolierung der gesuchten Parameter.

4. Durch den Sprung in das Unterprogramm wird im Bereich PSS 055 — 064 der Potenzwert je nach Ansprungstelle (also je nach Indexvariable im Indexregister R_{00}) gebildet. War beispielsweise die Variante eine 5, ist der Potenzwert eine 1 mit 5 Nullen (10^5 = 100 000).

5. Mit diesem Potenzwert wird durch Multiplikation (Aufruf mittels Zählvariable (Laufindex) in R_{08}) der gesuchte Parameter aus den Datenspeichern R_{06} — R_{01} soweit nach links verschoben, daß der hintere Teil abgeschnitten werden kann (PSS 069). Durch nachträgliche Rechtsverschiebung und abschneiden des Integerteils mit Linksverschiebung steht der gesuchte Parameter isoliert im R_A (PSS 081).

6. Es kommt nun die indirekte Abspeicherung mittels Indexvariable, die innerhalb des Zyklus den Wert von 10 beginnend bis 15 annehmen kann. Endwert wird durch Laufindex der *Dsz-Schleife automatisch begrenzt.

7. Nach Abbruch der *Dsz-Schleife steht noch der Wert für Z in R_{09} und zwar direkt hinter dem Komma. Eine Multiplikation mit 1000 sichert, daß auch dieser gesuchte Parameter richtig plaziert auf R_{09} steht.

Im Vergleich zu Programmsegment 1—17 ist natürlich die Einsparung auffällig. Sie ist auch dann noch bei Programmsegment 1—19a günstiger, wenn jeder Datenspeicher mit 8 multipliziert wird, um somit einen direkten Vergleich mit der PSS-Anzahl zu ermöglichen und beträgt 274:215, wobei allerdings die Anzahl der Code-Varianten etwas eingeschränkt ist, aber für die meisten Aufgaben sicher noch ausreicht. Sie beträgt 15625. Rechnet man die Auszugsverlängerung mit hinzu (z.B. 8 Varianten) sogar 125000. Dieses Segment besitzt den großen Vorteil, daß eine Anpassung an individuell gewünschte Parameter nicht im Programm sondern in Form einer Konstanten auf R_{01} — R_{06} erheblich bequemer und schneller erfolgen kann.

Wie vorsichtig die endgültige Beurteilung der Anwendung eines bestimmten indirekten Befehls — in diesem Fall der indirekte Sprung ins Unterprogramm — geschehen muß, zeigt Programmsegment 1—19b. Diese Variante bringt in jeder Beziehung eine Überraschung, denn ein indirekter Unterprogrammsprung wird nicht benutzt. Für das Programmsegment werden unter Berücksichtigung der Datenspeicherplätze umgerechnet 183 PSS benötigt. Dabei ist die Grundkonzeption sowohl in der Eingabe als auch in der Auswahl der gesuchten Parameter und die Anzahl der möglichen Code-Varianten-Anzahl absolut mit der a-Variante identisch.
Diese Optimierung entsteht dadurch, daß die isolierte Code-Zahl mit 2 multipliziert direkt den Exponenten liefert und vorübergehend im T-Register gesichert wird (PSS 011 — 026). Der Potenzwert auf der Basis 10 wird aber mit einer T-Register-Operation (siehe Programmsegment 1—16) ermittelt (PSS 029 — 030) und zwar sofort, wie unter Punkt 5 beim Programmsegment 1—19a beschrieben. Der weitere Ablauf ist dann wieder mit diesem Programmsegment identisch.

1.1.4 Indirekte bedingte Sprungbefehle (T-Register-Vergleichstest)

Das gemeinsame Merkmal von vier in diese Gruppe gehörende Befehle besteht darin, daß ein Wert im Anzeigeregister — und nicht etwa in der Anzeige (Display) — mit einem im T-Register befindlichen Wert verglichen wird. Je nach der dabei gestellten Bedingung kommt es zu einer Verzweigung bei der dem Befehl nachgeordneten Programmspeicheradresse[13] und zwar immer dann, wenn sie bejaht werden kann. Im Verneinungsfall wird diese Adresse übersprungen und das Programm läuft ohne Verzweigung weiter.

Für die indirekte Programmierung bedeutet dies, daß die im Indexregister gespeicherte Indexvariable als Programmspeicherstelle (Adresse) interpretiert und im Bejahungsfall angesprungen wird.

---

[13] Auf Label wird aus den schon bekannten Gründen hier nicht näher eingegangen, da sie bei der indirekten Programmierung nicht in dem Befehlskomplex verwendet werden können.

Bei irrtümlicher Überschreitung der vorliegenden Speicherbereichsverteilung wird der Befehl nicht ausgeführt und die Anzeige zeigt den im R_A vorhandenen Wert blinkend an. Das Programm bleibt an dieser Stelle stehen.

Um optimal zu programmieren, ist es in gewissen Situationen zweckmäßig, die als Frage formulierte Bedingung so zu stellen, daß es möglich wird, den Zweig des Programmteils herauszuführen. Das ist aber nur dann sinnvoll, wenn an anderer Stelle direkt wieder in das Programm eingesprungen werden kann, ohne daß Zwischenoperationen notwendig sind. Hierzu ist oft nur eine Umkehrung der zu prüfenden Bedingung mittels Einfügen des Befehls INV nötig.

      * x = t Frage: Ist der Wert im Anzeigeregister gleich dem Wert des T-Registers?

INV *x = t Frage: Ist der Wert im Anzeigeregister ungleich dem Wert des T-Registers?

     *x ≥ t Frage: Ist der Wert im Anzeigeregister größer oder gleich dem Wert des T-Register?

INV *x ≥ t Frage: Ist der Wert im Anzeigeregister kleiner als der Wert des T-Registers?

Da das Prinzip beim indirekten T-Register-Vergleichstest in allen 4 Varianten gleich ist, erscheint es nicht wichtig zu sein, für jede Möglichkeit ein Beispiel zu demonstrieren.

Prinzipiell gilt auch für diese leistungsstarken Befehle, die Schwierigkeiten zu überwinden, überzeugende Beispiele für eine indirekte Anwendung zu finden, denn durch den T-Register-Vergleichstest erfolgt eine Verzweigung des Programms, die von einer Bedingung abhängig ist. Diese Befehlsgruppe indirekt ausgeführt, setzt an einer bestimmten Stelle des Programms die Notwendigkeit einer Mehrfachverzweigung voraus, also ähnlich wie bei dem indirekten GTO- und SBR-Befehl nur mit dem Unterschied, daß die Steuerung noch von einer Bedingung (Aussage) abhängt, die sich aus dem Vergleich zweier gerade an dieser Stelle des Programms vorhandenen Parameter ergibt.

Anwendungsmöglichkeiten finden sich zum Beispiel beim Iterationsverfahren (Näherungsverfahren). Mit einem in einer *Dsz-Schleife eingebauten indirekten T-Register-Vergleichsbefehl ist es möglich, den Iterationszyklus bei Erreichen einer vorgegebenen Genauigkeitsschranke ϵ zu verlassen und zwar nicht sofort, sondern erst nachdem der Zyklus noch ein weiteres Mal durchlaufen wird. Dabei sind in der Auswertung möglicherweise die vom Programm vorgegebenen Zyklen und die tatsächlich notwendige Anzahl der Durchläufe oder die auftretenden Differenzwerte zwischen vorgegebener Genauigkeitsschranke und Zyklenanzahl von Interesse.

Beachte: Bei der Korrektur des Programms müssen die Indexvariable(n) verändert werden, weil sie ja als Adresse(n) des Programmspeichers interpretiert werden.

1.1.4.1 Indirekte x=t und x ≥ t Tests

Definition des Grundbefehls

Symbolische Darstellung: x = t bbb bzw. x≥t bbb

Es gilt: liegt Bedingung x = t vor,   dann $\langle PZ \rangle := \rangle bbb \langle$
       liegt Bedingung x = t nicht vor, dann $\langle PZ \rangle := \langle PZ \rangle + 2$

Bei Erreichen des *x = t Befehls, steht der Programmzeiger (PZ) auf dieser Stelle. Ob der PZ die Adresse bbb aufnimmt, die unmittelbar nach dem Befehl kommt und 2 PS-Stellen einnimmt, ist also davon abhängig, ob Gleichheit zwischen $\langle R_A \rangle$ und $\langle R_T \rangle$ vorliegt.

Definition des indirekten x = t und x ≥ t Test

Symbolische Darstellung: *x = t *Ind $\boxed{R_{I\,dd}}$

                          *x ≥ t *Ind $\boxed{R_{I\,dd}}$

Code: 67 40 dd   Drucksymbol: EQ IND dd
        77 40 dd   GE IND dd

Das Zeitverhältnis zwischen direktem und indirektem Befehl beträgt 100 : 100 (gemessen bei erfüllter Bedingung).

Siehe halbsymbolische Darstellung 1–9a und 1–9b.

halbsymbolische Darstellung 1–9a

```
000   00   0
001   67   EQ
002   40   IND
003   11   11
004   00   0
005   00   0
```

halbsymbolische Darstellung 1–9b

```
000   00   0
001   77   GE
002   40   IND
003   11   11
004   00   0
005   00   0
```

Es gilt:

Bedingung erfüllt:

$$I_V := \langle R_{I\,dd}\rangle$$
$$\rangle bbb\langle := I_V$$
$$\langle PZ\rangle := \rangle bbb\langle$$

Bedingung nicht erfüllt: $\langle PZ\rangle := \langle PZ\rangle + 2$

Bei Umkehrung der Prüfbedingung mit Vorsetzen des Befehls INV ändert sich an den soeben gemachten prinzipiellen Aussagen nichts.

Programmsegment 1–20

```
000   76  LBL        035   01   1        070   42  STD        105   01   1
001   11   A         036   01   1        071   04   04        106   01   1
002   42  STD        037   00   0        072   69  OP         107   04   4
003   00   00        038   42  STD       073   06   06        108   42  STD
004   91  R/S        039   05   05       074   33  X²         109   05   05
005   76  LBL        040   01   1        075   75   -         110   97  DSZ
006   12   B         041   07   7        076   43  RCL        111   03   03
007   42  STD        042   69  OP        077   02   02        112   00   00
008   01   01        043   04   04       078   95   =         113   51   51
009   91  R/S        044   43  RCL       079   32  X≀T        114   07   7
010   76  LBL        045   01   01       080   03   3         115   05   5
011   13   C         046   69  OP        081   06   6         116   69  OP
012   42  STD        047   06   06       082   03   3         117   04   04
013   02   02        048   01   1        083   07   7         118   43  RCL
014   98  ADV        049   42  STD       084   03   3         119   06   06
015   98  ADV        050   04   04       085   02   2         120   75   -
016   99  PRT        051   04   4        086   03   3         121   43  RCL
017   68  NOP        052   04   4        087   03   3         122   04   04
018   68  NOP        053   03   3        088   69  OP         123   95   =
019   32  X≀T        054   01   1        089   04   04        124   69  OP
020   05   5         055   69  OP        090   32  X≀T        125   06   06
021   02   2         056   04   04       091   69  OP         126   01   1
022   69  OP         057   43  RCL       092   06   06        127   06   6
023   04   04        058   02   02       093   29  CP         128   03   3
024   32  X≀T        059   55   ÷        094   77  GE         129   06   6
025   34  ГX         060   43  RCL       095   00   00        130   04   4
026   42  STD        061   04   04       096   98   98        131   06   6
027   06   06        062   85   +        097   50  IxI        132   69  OP
028   69  OP         063   43  RCL       098   32  X≀T        133   04   04
029   06   06        064   04   04       099   43  RCL        134   43  RCL
030   98  ADV        065   95   =        100   01   01        135   03   03
031   43  RCL        066   65   ×        101   77  GE         136   69  OP
032   00   00        067   93   .        102   40  IND        137   06   06
033   42  STD        068   05   5        103   05   05        138   25  CLR
034   03   03        069   95   =        104   68  NOP        139   91  R/S
                                                              140   00   0
```

Das Programmsegment 1—20 dient der Berechnung der Quadratwurzel nach dem Iterationsverfahren (Näherungsverfahren). Es benutzt einen indirekten T-Register-Vergleichstest und ist für den Mathematikunterricht zur Demonstration des prinzipiellen Ablaufs einer Iteration gedacht, die sowohl über eine Genauigkeitsschranke als auch über eine vorgegebene Zyklenanzahl gesteuert werden kann.

Im Normalfall kommt es zum Abbruch der Iteration durch eine wahlweise vorgegebene Genauigkeitsschranke ($\epsilon \,\hat{=}\,$ Drucksymbol E). Wird die Genauigkeitsschranke zu groß gewählt, geht die Steuerung des Iterationszyklus im vorliegenden Programmsegment über eine *Dsz-Schleife, deren Zählvariable (Laufindex) ebenfalls vor Programmstart eingegeben werden muß. Durch ein entsprechend gewähltes Druckbild können die iterativ ablaufenden Vorgänge und die schon erreichte Genauigkeit an markanten Parametern genau verfolgt werden.

Die logische Struktur ist aus dem Programmablaufplan 1—2 zu ersehen. Dabei gilt die mathematische Beziehung:

$$x_n + 1 := 0{,}5\,(x_n + a/x_n)$$

Abbruch, wenn $|(x_n + 1)^2 - a| < \epsilon$
oder $n = 0$ ist
Hierin bedeuten:

x   Wurzelwert ($x = \sqrt[2]{a}$)

a   Radikant ($\sqrt[2]{a}$)

n   Zyklusanzahl (jeweils festzulegen)

ϵ Genauigkeitsschranke (jeweils festzulegen, zum Beispiel 0,1 oder 0,001)

x_n als Anfangswert. Er wird auf 1 festgelegt.

Programmablaufplan 1—2

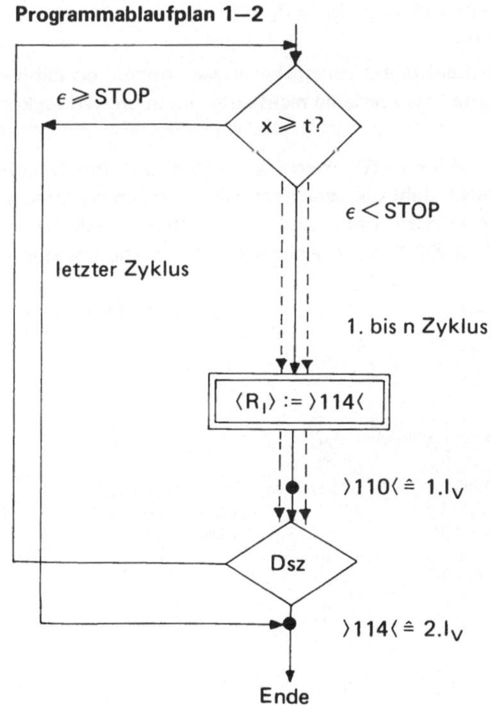

Speicherbelegung für Programmsegment 1–20:

R_{00} Zählvariable (Laufindex) für *Dsz-Schleife. Eingabe über A (gilt auch gleichzeitig für n). Bleibt bis zu einer neuen Eingabe erhalten.

R_{01} ϵ-Genauigkeitsschranke. Eingabe über B. Bleibt bis zu einer neuen Eingabe erhalten.

R_{02} Radikant a ($\sqrt[2]{a}$). Eingabe über C. Start des Programms.

R_{03} Arbeitsspeicher für Zählvariable (Laufindex). Anfangswert wird aus R_{00} übernommen.

R_{04} Der iterativ erreichte Wurzelwert $x(x_n)$

R_{05} Indexregister für erste und zweite Indexvariable

R_{06} Wurzelwert der aus den aktuellen Radikanten über Befehl $\sqrt{x}$ erreicht wird.

Programmablauf:

Wie aus dem Programmablaufplan zu ersehen ist, sind für die Ermittlung des gesuchten Wurzelwertes 3 unterschiedliche Operationskomplexe auszuführen:

- Aus einem vorgegebenen Anfangswert 1 wird durch Iteration das erste genäherte x_n berechnet und als Ausgangswert für eine weitere Näherung auf R_{04} gespeichert (PSS 057 – 071).

- Aus dem errechneten x_n und dem Radikanten erfolgt die Berechnung einer Abbruchbedingung (im Druckbild mit STOP gekennzeichnet) entsprechend der Rechenvorschrift auf PSS 074 – 098.

- Die Abbruchbedingung wird nun mit der vorgegebenen Genauigkeitsschranke verglichen (PSS 099) und der weitere Verlauf durch die in R_{05} gespeicherte Indexvariable gesteuert. Dabei gibt es durch den gewählten indirekten T-Register-Vergleichstest 3 Alternativen, die den mathematischen Algorithmus transparenter machen.

  — Ausführung einer erneuten Iteration gesteuert über den *Dsz-Befehl, bis zweite Indexvariable aufgenommen wird.

  — Abbruch der Iteration, wenn vorher zweite Indexvariable aufgenommen wurde und vorgegebene Genauigkeit jetzt überschritten wird.

  — Ausführung aller durch die Zählvariable (Laufindex) vorgegebenen Iterationen, bis Zählvariable den Wert Null erreicht hat, da die zweite Indexvariable nicht aufgenommen werden konnte (Tabellen 1–8 bis 1–10).

Als erste Zeile im Druckbild (Tabellen 1–8 bis 1–10) erscheint der Radikant. Ihm folgt der Wurzelwert, der in herkömmlicher Weise mittels Befehl $\sqrt{x}$ berechnet wurde und im weiteren als Vergleichswert für die kommenden Wurzelwerte eines Iterationszyklus x_n gelten soll. Vorher wird noch die Genauigkeitsschranke E $\stackrel{\wedge}{=}$ ϵ ausgegeben. STOP kennzeichnet die im Iterationszyklus er-

Tabelle 1–8

```
          1.9
1.378404875          Γ

.0000000001          E
        1.45         XN
      0.2025         STOP
1.380172414          XN
.0048758918          STOP
1.378406007          XN
.0000031202          STOP
1.378404875          XN
      -1.3-11  STOP
          0.          ^
          2.          DSZ
```

Tabelle 1–9

```
      1.54321
1.242260037          Γ

        0.1          E
    1.271605         XN
0.073769276          STOP
1.242598636          XN
.0008413692          STOP
1.242260083          XN
.0000001146          STOP
1.242260037          XN
      -1.-12   STOP
1.242260037          XN
      -1.-12   STOP
        0.          ^
        0.          DSZ
```

Tabelle 1–10

```
          2.
1.414213562          Γ

        0.007        E
        1.5          XN
        0.25         STOP
1.416666667          XN
.0069444444          STOP
-.0024531043         ^
        4.          DSZ
```

rechnete Abbruchbedingung, die innerhalb des Programms mit E verglichen wird. Das Zeichen Δ gibt die Differenz zwischen soeben genannten Wurzelwert und den durch das Programm errechneten Wurzelwert an. Die Zahl vor DSZ gibt an, wie groß die Zählvariable (Laufindex) des *Dsz-Befehls zum Zeitpunkt des Abbruchs mittels Genauigkeitsschranke noch gewesen ist. Fungiert hier unter bestimmten Bedingungen als zweite Sicherung, zum Beispiel dann, wenn schon beim ersten Zyklus $\epsilon \geqslant$ Abbruch (STOP) ist.

Tabelle 1–8: Genauigkeitsschranke ist sehr klein gewählt. Da bei allen Iterationen $\epsilon < $ STOP[14] die zweite Indexvariable (114) von Anfang an Inhalt von R_{05} ist, deshalb erfolgt bei der Genauigkeitsschranke mittels I_V = 114 sofort Sprung über den *Dsz-Befehl.

Tabelle 1–9: Genauigkeitsschranke ist sehr groß gewählt (ϵ = 0,1). ϵ ist deshalb schon bei der ersten Iteration größer als STOP ($\epsilon \geqslant$ STOP). Der Programmteil (PSS 104 – 109) wird also niemals durchlaufen. Somit bleibt erste Indexvariable (110 – siehe auch PSS 035 – 039) Inhalt des Indexregisters. Es wird deshalb bei allen Iterationen auf den *Dsz-Befehl gesprungen. Erreichte Genauigkeit hängt somit von der gewählten Größe der Zählvariablen (Laufindex) ab. Im Beispiel hätte gewählte Zählvariable (5) noch um 1 kleiner gewählt sein können (siehe auch Programmablaufplan 1–3).

Tabelle 1–10: Genauigkeitsschranke nicht klein genug gewählt. Bei erster Iteration ist $\epsilon < $ STOP (0,007 < 0,25). Somit wird die zweite Indexvariable im Indexregister aufgenommen. Bei zweiter Iteration ist $\epsilon < $ STOP (0,007 > 0,0069), deshalb sofortiger Abbruch der Iteration und überspringen des *Dsz-Befehls. Die Fehlerquote ist deshalb noch sehr hoch, weil auch die Steuerung nicht über die *Dsz-Schleife fortgeführt wird (siehe auch Programmablaufplan 1–4).

Programmablaufplan 1–3

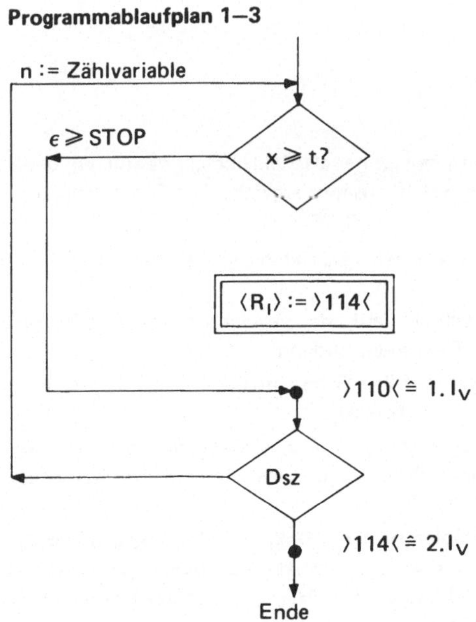

---

[14] Zur Beachtung: Im Programm wurde vor dem Vergleichstest aus Gründen der Programmoptimierung die Reihenfolge vertauscht. Siehe hierzu mathematische Bedingung.

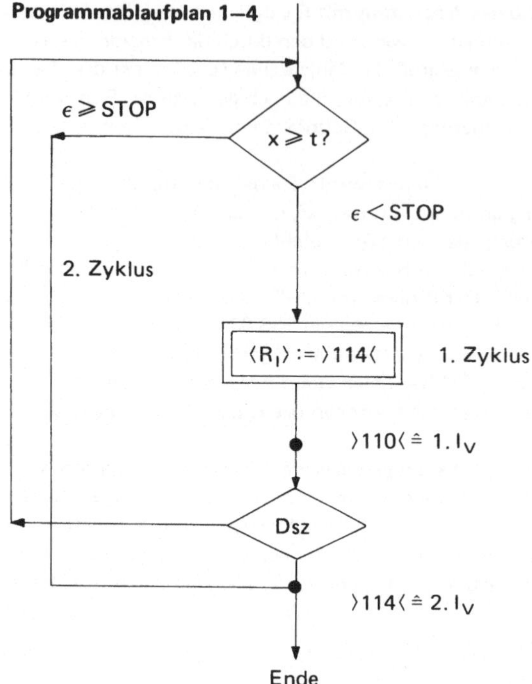

1.1.5 *Dsz-Testbefehl (Null-Test)

Der *Dsz-Befehl läßt sich von seiner Wirkungsweise her als Makrobefehl definieren, denn in ihm sind mehrere Operationen in einem einzigen Befehl zusammengefaßt. Der Gesamtablauf des Algorithmus sieht so aus:

- Die dem *Dsz-Befehl unmittelbar folgende Adresse wird als Datenspeicheradresse (R_{dd})[15] interpretiert.

- Die in R_{dd} enthaltene Zählvariable (Z_V) — auch als Laufindex bezeichnet — wird bei Erreichen dieses Befehls automatisch um 1 vermindert (Dekrementbildung).

- Die Zählvariable (Laufindex) wird anschließend auf ihre Größe hin überprüft. Entsprechend dem Ergebnis ergibt sich ein unterschiedlicher weiterer Ablauf.

- Ist der Wert der Zählvariablen nach der Dekrementbildung $\neq 0$, wird die nach der Datenspeicheradresse kommende Adresse als Befehlsspeicheradresse interpretiert und an dieser Stelle das Programm fortgesetzt (Verzweigungsadresse).

- Überschreitet der Wert der aktuellen Zählvariablen nach der Dekrementbildung den Wert 0 (Durchschreiten der „Nullschranke"), so wird er auf 0 gesetzt, die Verzweigungsadresse übergangen und der nach dieser Adresse folgende Befehl ausgeführt. Hierbei ist es gleichgültig, ob der ursprüngliche Wert der Zählvariablen positiv oder negativ gewesen ist.

---

[15] Da es durch Programmanipulation möglich ist, jeden verfügbaren Datenspeicher auch bei direkter Programmierung für diesen Befehl zu benutzen, wird dieser Gesichtspunkt bei der Definition gleich mit berücksichtigt.

Aus dem eben dargelegten wird erkennbar, daß dieser Befehl eine Kombination zwischen einem Zählbefehl — bei automatischer Bereitstellung der Zahl 1 — und einem Testbefehl verbunden mit einer bedingten Sprunganweisung ist.

Definition des Grundbefehls

Symbolische Darstellung: *Dsz dd bbb

Es gilt: $\langle dd \rangle := \langle dd \rangle - 1$
ist $\langle dd \rangle \neq 0$ folgt $\langle PZ \rangle := \rangle bbb \langle$
ist $\langle dd \rangle = 0^{16}$ folgt $\langle PZ \rangle := \langle PZ \rangle + 2$

Die im letztgenannten Fall angeführte Erhöhung des Programmzählers (PZ) um 2 ist, wenn von dem eigentlichen *Dsz-Befehl ausgegangen wird, genaugenommen eine Erhöhung um 3, denn die dazwischen liegende Adresse dd nimmt eine PS-Stelle ein.

Zum besseren Verständnis der nächsten Ausführungen wird der Funktionsablauf eines normalen *Dsz-Befehls mit Programmsegment 1—21 demonstriert.

Programmablauf: GTO 219, Eingabe einer Zählvariablen (Z_V), Start mit R/S. Die 77 symbolisiert das Erreichen der Endbedingung. Interessant ist, daß die Zählvariable 1.000000001 noch nicht als 1 interpretiert wird, da sie > 1 ist. Somit wird der Programmzyklus noch einmal durchlaufen. Die Kontrolle auf R_{11} ergibt aber, daß der Befehl nach Dekrementbildung und durchschreiten der „Nullschranke" die Zählvariable auf Null setzt. Interessant dürfte der Ablauf bei der Zählvariablen $-3,2$ sein (siehe Tafel 1—10).

Programmsegment 1—21

```
219   91  R/S        231   07   7
220   42  STO        232   07   7
221   11   11        233   99  PRT
222   43  RCL        234   98  ADV
223   11   11        235   61  GTO
224   99  PRT        236   02   02
225   68  NOP        237   19   19
226   68  NOP        238   00   0
227   97  USZ        239   00   0
228   11   11        240   00   0
229   02   02        241   00   0
230   22   22
```

Tafel 1—10

				Z_V			
Zyklus	5	3,5	1,1	1	1,000000001	0	−3,2
$\langle Z_V \rangle := \langle Z_V \rangle - 1$	4	2,5	0,1		0,000000001		−2,2
	3	1,5					−1,2
	2	0,5					−0,2
	1						
Endbedingung	77	77	77	77	77	77	77

---

[16] Diese Schreibweise ist genaugenommen nicht korrekt, weil der Wert bei der Dekrementbildung nicht genau Null sein muß, sondern lediglich den Wert Null überschreiten muß („Nullschranke"). In diesem Augenblick wird aber die Zählvariable gleich 0 gesetzt. Deshalb ist die gewählte Schreibweise allgemein üblich.

*Grundsätzliches zum indirekten *Dsz-Befehl*

Bevor auf den eigentlichen Ablauf eines indirekten *Dsz-Befehls genauer eingegangen wird, sei auf einige Besonderheiten noch hingewiesen.

Bei den bisherigen indirekten Befehlen wurde die Indexvariable des Indexregisters je nach Befehlstyp entweder als Datenspeicheradresse oder als Programmspeicheradresse interpretiert. Bei dem *Dsz-Befehl gibt es auf Grund seiner Komplexität prinzipiell aber 3 Varianten.

Variante 1: Indirekter Register-*Dsz-Test. Der indirekte Operationsablauf wird über die Datenspeicheradresse des *Dsz-Befehls gesteuert, somit entspricht diese Adresse dem Indexregister.

Variante 2: Indirekter Adressen-*Dsz-Test. Der indirekte Operationsablauf wird über die Programmspeicheradresse gesteuert. Um dies zu ermöglichen, folgt nach der Datenspeicheradresse eine weitere, die die Aufgaben eines Indexregisters übernimmt (Kombinationsbefehl).

Variante 3: Indirekter Register- und Adressen-*Dsz-Test. Der indirekte Operationsablauf wird über die Datenspeicheradresse und zusätzlich über die Programmspeicheradresse gesteuert. Somit sind zwei hintereinander stehende Indexregister vorhanden (Kombinationsbefehl).

Da zusätzlich alle diese Befehlsarten noch bei Überspringen bei nicht Null-Test (vorsetzen des Befehls INV) ausgeführt werden können, ergeben sich insgesamt 6 verschiedene indirekte *Dsz-Befehle.

Erschwert wird die Anwendung indirekter *Dsz-Befehle noch dadurch, daß der eigentliche Grundbefehl zu den leistungsstärksten Befehlen eines AOS-Rechners gehört und hier somit die schon an anderer Stelle beschriebenen Gesetzmäßigkeiten zur Wirkung kommen. Mit anderen Worten: Es wird wohl höchst selten vorkommen, die enorme Leistungsfähigkeit der 6 verschiedenen indirekten *Dsz-Befehle vorteilhaft anwenden zu können.

Eine mögliche breite Anwendung wird noch zusätzlich dadurch eingeschränkt, daß indirekt ausgeführte *Dsz-Befehle eine sehr hohe geistige Konzentration bei der Programmierung erzwingen, weil sich bei 4 von den 6 möglichen Befehlsvarianten eine Art Doppelverschachtelung ergibt. Beim indirekten Register-*Dsz-Test gilt es zu beachten, daß die im indirekten *Dsz-Befehl angegebene Datenspeicheradresse, die jetzt die Aufgabe des Indexregisters übernommen hat und die in diesem Speicher enthaltene Indexvariable nicht mit der Zählvariablen identisch ist. Diese Indexvariable gibt lediglich die Adresse des Datenspeichers an, in dem sich die Zählvariable befindet. Es muß somit dafür gesorgt werden, daß die zur Dekrementbildung notwendige Zählvariable (Z_V) auch tatsächlich Inhalt dieser Datenspeicheradresse ($\hat{=}$ Indexvariable) ist und sich nicht etwa als Inhalt des Indexregisters ergibt (siehe Tafel 1—11). Hier gilt kurz formuliert die Bedingung:

$$\rangle Z_V \langle \; := \langle R_I \rangle \quad \text{und}$$
$$Z_V \; := \langle Z_V \rangle \quad \text{oder kurz gefaßt}$$
$$Z_V \; := \langle\!\langle R_I \rangle\!\rangle$$

Somit werden in diesem Beispiel sowohl ein Datenspeicher für die Indexvariable als auch ein Datenspeicher für die Zählvariable benötigt. Da diese Zählvariable schließlich den Wert 0 annimmt, muß zusätzlich noch irgendwo der Anfangswert der Zählvariablen gespeichert sein, um jederzeit den Anfangswert wieder bereitstellen zu können. Also ein zusätzlicher Speicheraufwand, der sich im Falle der dritten Variante um 2 weitere Speicher erhöht.

Aus diesen Gründen wird sicher verständlich, daß die weiteren Beispiele ausschließlich der Erläuterung des Operationsablaufs dienen und nur in seltenen Fällen direkt in einem Programm Anwendung finden können.

54

Tafel 1—11

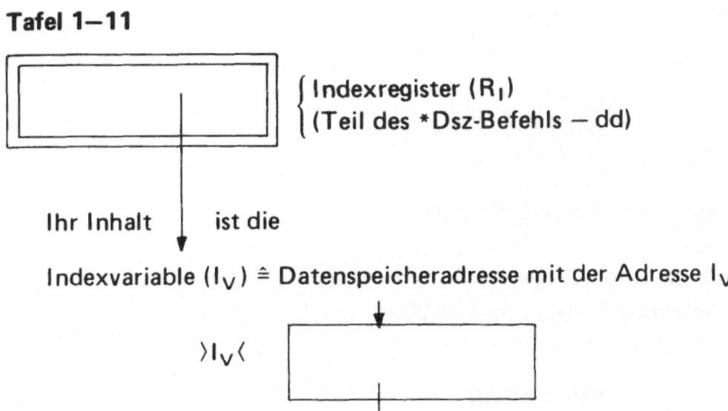

Bevor auf detaillierte Einzelheiten eingegangen wird, sei schon die angekündigte Programm-manipulation erläutert, die es ermöglicht, jeden Datenspeicher für einen *Dsz-Befehl zu benutzen. Bei der indirekten Programmierung ist diese Manipulation aber nur dann nötig, wenn die Variante 2 angewandt wird. Bei Variante 1 und 3 kann nach Drücken der Taste *Ind automatisch jede Adresse eines Datenspeichers (auch mit zweistelliger Adresse) direkt eingegeben werden.

Im Learn-Modus ist so zu verfahren[17]:

Eingabe des *Dsz-Befehls mit $d \leqslant 9$, einschließlich der nächsten Adresse bzw. des Label. Danach auf die Befehlsregisterstelle durch mehrmaliges Drücken der Taste BST zurückgehen, wo der Code für *Dsz (also 97) gespeichert ist. Durch zweimaliges (!) Drücken der Taste *Ins sind 2 freie Adressenspeicherstellen zu schaffen. In dieser Position des Befehlsregisters verbleiben und dann hintereinander die Tastenkombination ausführen:

RCL[18] 97 BST BST *Del SST und weiter
RCL[18] dd[19] BST BST *Del SST

Die schon für den *Dsz abgespeicherte Befehlsspeicheradresse mit SST übergehen und Programm wie vorgesehen weiter eingeben. Dadurch bleibt die schon gespeicherte Adresse bbb bzw. L erhalten. Dabei aber beachten, daß ein Label nur eine PS-Stelle belegt, während für die Adresse bbb 2 Stellen benötigt werden.

---

[17] In der Literatur wird oft auch eine andere Eingabeform empfohlen, diese ist aber nicht in jedem Fall sicher. Zum Beispiel dann, wenn R_{dd} = 40 sein soll, führt sie nicht zu dem gewünschten Erfolg, denn einige Code sind über Tasten nicht erreichbar (21, 26, 31 usw.).

[18] An Stelle von RCL kann auch STO gewählt werden.

[19] dd ist hier der symbolische Code, also die zu wählende Adresse des Datenspeichers.

1.1.5.1 Indirekter Register-*Dsz-Test (Variante 1)

Definition des indirekten Befehls:

Symbolische Darstellung: *Dsz *Ind $\boxed{R_{I\,dd}}$ bbb

*Dsz *Ind $\boxed{R_{I\,dd}}$ L

Code: 97 40 dd bbb   Drucksymbol: DSZ IND dd bbb (bzw. L)

97 40 dd

Das Zeitverhältnis zwischen direktem und indirektem Befehl beträgt 100 : 105.
Siehe halbsymbolische Darstellung 1−10a und 1−10b.

halbsymbolische
Darstellung 1−10a

```
000   97  DSZ
001   40  IND
002   11  11
003   02  02
004   22  22
005   00  0
```

halbsymbolische
Darstellung 1−10b

```
000   97  DSZ
001   40  IND
002   11  11
003   15  E
004   00  0
```

Es gilt:

Zählvariable $\neq$ 0: $I_V := \langle R_{I\,dd} \rangle$

$\rangle Z_V \langle := I_V$

$Z_V := \langle Z_V \rangle - 1$ und danach

$\langle PZ \rangle := \rangle bbb \langle$ bzw. $\rangle L \langle$

Zählvariable = 0: $I_V := \langle R_{I\,dd} \rangle$

$\rangle Z_V \langle := I_V$

$Z_V := 0$ und danach

$\langle PZ \rangle := \langle PZ \rangle + 2$

Eine automatische Begrenzung der Datenspeicheradresse $R_{I\,dd}$ bei der Eingabe im Learn-Modus
— wie bei einem direkten *Dsz-Befehl — gibt es nicht. Bei der Auswahl der Adresse ist lediglich auf
die gerade vorliegende Speicherbereichsverteilung zu achten.

Auf den vielfach auftretenden Fehler, der bei diesem Befehl sehr leicht eintreten kann, wurde
in der Einleitung schon kurz hingewiesen. Er besteht darin, daß vergessen wird, im Datenspeicher R_{ZV}
eine Zählvariable (Laufindex) abzuspeichern. Deshalb wird die Zählvariable = 0, und ein Sprung zur
angegebenen Programmspeicherstelle bzw. zum Label erfolgt nicht. Hier noch ein allgemeines Beispiel, das den recht verwickelten Funktionsablauf etwas transparenter machen soll.

Die Befehlsfolge könnte innerhalb eines Programms zum Beispiel lauten:

*Dsz *Ind 11 222

R_{11} $:= 2 \,\hat{=}\, I_V$

R_{02} $:= 9 \,\hat{=}\, Z_V$

Der Datenspeicher R_{11} ist in diesem Beispiel das gewählte Indexregister und enthält die Indexvariable 2. Somit ist die Adresse für die Zählvariable (Laufindex) der Datenspeicher R_{02}. Der letztge-
nannte speichert den Wert 9 (Z_V = 9), deshalb wird der Programmzyklus neunmal und nicht etwa
zweimal durchlaufen. Die Dekrementbildung geschieht im R_{02}. Bei einem indirekten Register-
*Dsz-Test (Variante 1) ist die eingegebene Programmspeicheradresse absolut (das Setzen von Label

ist deshalb ebenfalls möglich) und wird während des Programmablaufs nicht verändert. Somit erfolgt der Rücksprung im vorliegenden Beispiel nach PSS 222 und zwar solange, bis der Inhalt von R_{02} bei der Dekrementbildung die „Nullschranke" noch nicht durchschritten hat. Wird nun nach dem natürlichen Abbruch (Durchschreiten der „Nullschranke") in einem größeren Programmzyklus vergessen auf R_{02} wieder eine 9 abzuspeichern und dieser erste Zyklus erneut in Anspruch genommen, so würde der indirekte *Dsz-Befehl einfach übergangen (Bedingung: Zählvariable = 0).

Beachte: Ist die Adresse des Indexregisters gleich dem Wert der Indexvariablen, so stimmt die Adresse des Indexregisters mit der Adresse der Zählvariablen überein. In diesem Fall passiert ausnahmsweise folgendes:

$$\langle R_{I\,dd}\rangle := \langle R_{I\,dd}\rangle - 1$$

Dieser Vorgang erfordert einen Zyklus. Dadurch vermindert sich im Indexregister die ursprünglich gespeicherte Adresse (Indexvariable) einmalig um 1. Deshalb wird im nächsten Zyklus eine andere Datenspeicheradresse angesprochen und zwar von nun an konstant zyklisch.

Dieser mögliche Programmfehler kann in besonderen Fällen für eine Programmanipulation gut ausgenutzt werden, denn dieser Vorgang läßt sich ohne großen Programmaufwand wiederholen.

Zum Vergleich der unterschiedlichen Wirkungsweise zur direkten Programmierung dient für die regelgerechte Anwendung des Befehls Programmsegment 1–22. Dabei ist aber an Hand der gedruckten Ausgabe der wirkende Zusammenhang zuerst noch nicht unmittelbar zu erkennen, weil in diesem Beispiel bewußt der schon erläuterte Fehler gemacht wurde.

Programmsegment 1–22

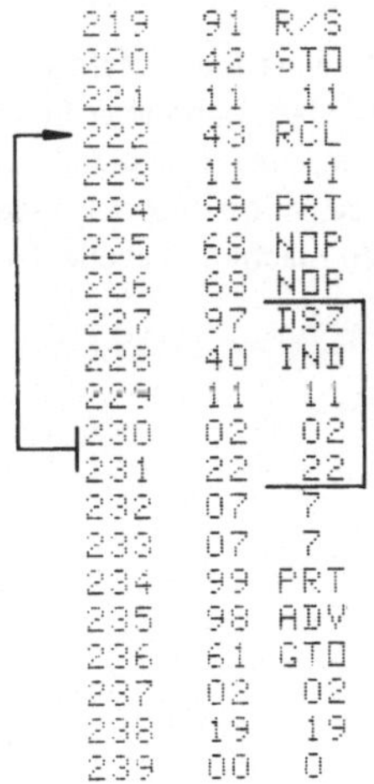

Nach GTO 219 I_V R/S gibt der Drucker nur die Indexvariable und 77 aus (Abbruchbedingung). Dies hängt damit zusammen, daß das Programm I_V nicht als Zählvariable (Laufindex) ansieht, sondern da Z_V entsprechend dem Programmablauf Inhalt des Indexregisters R_{11} wird — also in dieser Situation als Indexvariable interpretiert und somit als Adresse für die Zählvariable. Da aber der Inhalt dieser Adresse noch 0 ist, kommt es zu keinem zyklischen Ablauf.

Werden dagegen beispielsweise die Datenspeicher R_{00} — R_{12} entsprechend Tafel 1–12 vorbereitet, so sind die wirkenden Zusammenhänge besser verständlich. Dabei ist aber zu beachten, daß I_V nach der Eingabe als Indexvariable wirkt. Beispiel einer Eingabe: GTO 219 5 R/S

Tafel 1—12

| | Datenspeicher und dessen Inhalt | | | | | | | | | | | |
	R_{01}	R_{02}	R_{03}	R_{04}	R_{05}	R_{06}	R_{07}	R_{08}	R_{09}	R_{10}	R_{11}	R_{12}
Ausgangswert	1	2	3	4	5	6	7	8	9	10	11	12
Eingabe "5"	1	2	3	4	0(!)	6	7	8	9	10	5(!)	12
Eingabe "6"	1	2	3	4	5	0(!)	7	8	9	10	6(!)	12
Eingabe "11"	1	2	3	4	5	6	7	8	9	0(!)	10(!)	12

In diesem Fall wird die Zahl 5 in R_{11} abgespeichert. Da R_{11} im Programmbeispiel als Indexregister definiert ist, wird die Zahl 5 automatisch zur Indexvariablen und somit zur Adresse des Speichers der Zählvariablen (siehe Tafel 1—12).

$$\langle R_{11} \rangle := 5$$
$$\rangle Z_V \langle \ := \langle R_{11} \rangle$$
$$\text{zyklisch} \quad \langle R_{05} \rangle := \langle R_{05} \rangle - 1$$

Im Datenspeicher geschieht also die Dekrementbildung mit nachträglichem zyklischen Rücksprung zur Adresse 222, bis schließlich der Wert der Zählvariablen = 0 gesetzt wird. Käme jetzt unmittelbar danach eine nochmalige Eingabe der Zahl 5, wird bedingt durch die gewählte Programmform zwangsläufig so gedruckt:

```
5
77
```

Anwendung: Die Anwendungsmöglichkeiten sind auf Grund des relativ geringen Mehraufwandes an Rechnerzeit weit gesteckt. Vorrangig bei zählergesteuerten Schleifen, dann aber in Verbindung mit weiteren indirekten Befehlen innerhalb einer Programmschleife, die vorrangig für die Programmorganisation ausgenutzt wird. Einen gewissen Einblick gibt hierzu schon Programmsegment 1—23. Damit ist es möglich, die Dekrementbildung direkt sichtbar zu machen (Tabelle 1—11).

Programmsegment 1—23   **Tabelle 1—11**

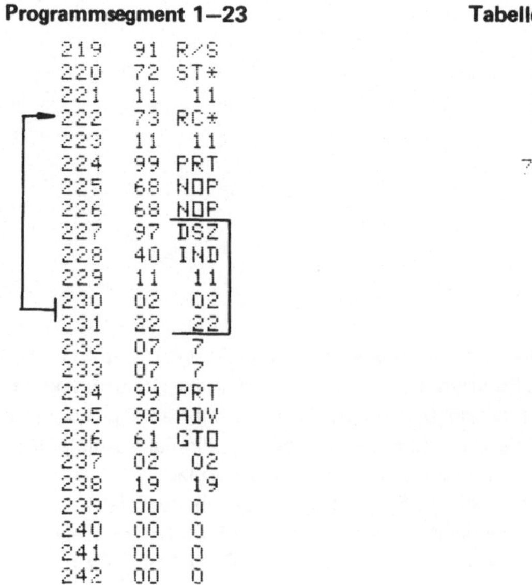

Programmablauf: Nach dem Befehl GTO 219 wird durch den indirekten Speicherbefehl (PSS 220 — 221) der eingegebene Wert automatisch — unabhängig von seinem Wert — im Datenregister R_{00} abgespeichert (siehe auch Abschnitt 1.1.1.1), wenn der Inhalt des Indexregisters R_{11} unbelegt ist ($\hat{=}$ somit $\rangle 00 \langle$). Durch die Wahl der weiteren Programmierung ist nun der Datenspeicher R_{11} Indexregister des *Dsz-Befehls (PSS 228 — 229), bleibt aber nach wie vor leer. Somit ergibt sich folgende Situation

R_{11} Indexregister

$\langle R_{11} \rangle := 0$ (Indexvariable)

$\langle R_{00} \rangle :=$ aktuelle Zählvariable (Laufindex)

Durch den zyklischen indirekten Speicheraufruf des Inhalts von R_{00} (PSS 222 — 223) wird sein aktueller Inhalt und damit der augenblickliche Wert der Zählvariablen (Laufindex) in jedem Zyklus direkt sichtbar und gedruckt. Die Zahl 77 zeigt den Abbruch an. Die Eingabe geschieht wie bei Programmsegment 1—22.

1.1.5.2 Indirekter Adressen-*Dsz-Test (Variante 2)

Definition des indirekten Befehls

Symbolische Darstellung: *Dsz dd_1 *Ind $\boxed{R_{I\,dd_2}}$

Code: 97 dd_1 40 dd_2 Drucksymbol: DSZ dd IND dd
Das Zeitverhältnis zwischen direktem und indirektem Befehl beträgt 100 : 100.
Siehe halbsymbolische Darstellung 1—11.

halbsymbolische Darstellung 1—11

Es gilt:

Zählvariable $\neq 0$: $I_V := \langle R_{I\,dd_2} \rangle$

$Z_V := \langle dd_1 \rangle - 1$ und danach

$\rangle dd_2 \langle := I_V$

$\langle PZ \rangle := \langle dd_2 \rangle$

Zählvariable $- 0$: $I_V := \langle R_{I\,dd_2} \rangle$

$Z_V := 0$ und danach

$\langle PZ \rangle := \langle PZ \rangle + 2^{20}$

```
000   97  DSZ
001   11  11
002   40  IND
003   12  12
004   00  0
```

Beachte: Bei der Eingabe des komplexen Befehls muß die Operationstaste *Ind in unmittelbarer Folge des vorangegangenen Befehlsteil gedruckt werden, weil andernfalls die nach *Ind kommende Adresse einstellig ist.

Bei diesem Befehl handelt es sich um eine Kombination zwischen einem normalen *Dsz-Befehl und einem indirekten Sprungbefehl, denn nur der letzte Befehlsteil wird indirekt ausgeführt. Durch die Kopplung mit *Dsz ist der Sprung zu einer Programmspeicherstelle von den schon im Abschnitt 1.1.5 beschriebenen Bedingungen abhängig. Die im Indexregister R_{dd_2} enthaltene Indexvariable wird als absolute Adresse einer Programmspeicherstelle interpretiert

$\rangle bbb \langle := \langle R_{I\,dd_2} \rangle$

und vom Programmzähler (PZ) direkt übernommen.

---

[20] Entsprechend der bei 1.1.5.1 gegebenen Definition müßte jetzt konsequenterweise hier eine 1 stehen, denn der Datenspeicherplatz, der die PS-Stelle in Form einer Indexvariablen enthält, nimmt hier einen Platz ein.

Diese indirekte Adresse ist somit identisch mit der zyklischen Rücksprungadresse eines indirekten *Dsz-Befehls. Allerdings mit der Einschränkung, daß ein Label nicht verwendet werden kann. *Beachte*: R_{dd_1} und R_{dd_2} dürfen nicht die gleiche Datenspeicheradresse aufweisen, weil der Inhalt von R_{dd_1} durch Dekrementbildung zyklisch um 1 vermindert wird. Dadurch würde sich laufend die Rücksprungadresse verändern, die sich in diesem Fall aus dem Inhalt von R_{dd_1} ergibt. Diese Besonderheit läßt sich aber für eine Programmanipulation unter gewissen Bedingungen erfolgreich ausnutzen und sich dadurch eine Art Befehls-Adressenmodifikation simulieren.

Programmsegment 1—24 demonstriert die herkömmliche Anwendungsweise. Voraussetzung: $\langle R_{12} \rangle := 222$ (einmalige Eingabe per Hand-Adresse für zyklischen Rücksprung). Eingabe: GTO 219 Z_V R/S. Dadurch wird aus dem Druckbild die Veränderung in $R_{dd_1} \triangleq \rangle 11 \langle$, die bei jedem Zyklus erfolgt, direkt sichtbar.

Anwendung: Überall dort, wo innerhalb eines Programms mehrere verschiedene zählergesteuerte Schleifen mit der Schrittweite 1 vorkommen und lediglich die Rücksprungadresse unterschiedlich ist.

Durch Programmierung als Unterprogramm kann vor dem Sprung in das UP sowohl die Zählvariable als auch die Indexvariable und somit die Sprungadresse den Notwendigkeiten angepaßt werden. Die eigentliche Operation wird wiederum als UP programmiert.

Das Programmsegment 1—25, das hier ausschließlich Demonstrationszwecken dient, liefert einen Einblick in den Funktionsablauf, wenn der Inhalt des Indexregisters mittels einer Speicheraddi-

Programmsegment 1—24

```
219   91   R/S
220   42   STO
221   11    11
222   43   RCL
223   11    11
224   99   PRT
225   68   NOP
226   68   NOP
227   97   DSZ
228   11    11
229   40   IND
230   12    12
231   07    7
232   07    7
233   99   PRT
234   98   ADV
235   61   GTO
236   02    02
237   19    19
238   00    0
239   00    0
240   00    0
```

Programmsegment 1—25

```
000   42   STO
001   11    11
002   99   PRT
003   68   NOP
004   68   NOP
005   01    1
006   44   SUM
007   11    11
008   01    1
009   09    9
010   42   STO
011   12    12
012   61   GTO
013   00    00
014   27    27
015   01    1
016   02    2
017   03    3
018   04    4
019   05    5
020   99   PRT
021   68   NOP
022   68   NOP
023   01    1
024   22   INV
025   44   SUM
026   12    12
027   97   DSZ
028   11    11
029   40   IND
030   12    12
031   91   R/S
032   98   ADV
033   81   RST
034   00    0
```

Tabelle 1—12

```
      1.
      5.

      2.
      5.
     45.

      3.
      5.
     45.
    345.

      4.
      5.
     45.
    345.
   2345.

      5.
      5.
     45.
    345.
   2345.
  12345.
```

tion (bzw. Subtraktion) und einer Zählvariablen (Laufindex) — gesteuerter Zyklus — in diesem Fall
mit der Schrittweite PSS 001 verändert wird.

Beachte: $\langle A_R \rangle$:= Zählvariable. Wird im Druckbild als erste Zahl gedruckt (Tabelle 1—12).

Durch die Befehle 1 INV SUM 12 (PSS 023 — 026) wird der Inhalt des Indexregisters R_{12}
bei jedem Zyklus um 1 vermindert und damit auch die aktuelle Sprungadresse der Programmspei-
cherzelle. Die Anfangsadresse ist mit 019 vom Programm vorgegeben. Dadurch wird die auf PSS 019
gespeicherte 5 gedruckt. Im zweiten Zyklus wird die Adresse PSS 018 angesprungen. Dadurch erfolgt
die Ausgabe einer 45 usw.

Die programmierte Speicheraddition (PSS 005 — 007) ist notwendig, da eine eingegebene 1 als
Zählvariable durch *Dsz (PSS 027) automatisch auf 0 gesetzt würde. Der Sprungbefehl PSS 012 —
014) unterdrückt zu Beginn die Ausgabe des Wertes 12345. An Stelle der Adressenschrittweite von
001 läßt sich in ähnlicher Weise jede andere Schrittweite realisieren.

1.1.5.3 Indirekter Register- und Adressen-*Dsz-Test (Variante 3)

Definition des indirekten Befehls:

Symbolische Darstellung: *Dsz *Ind $\boxed{R_{I\,dd_1}}$ *Ind $\boxed{R_{I\,dd_2}}$

Code: 97 40 dd$_1$ 40 dd$_2$ Drucksymbol: DSZ IND dd IND dd
Das Zeitverhältnis zwischen direktem und indirektem Befehl zu bestimmen,
ist nicht exakt möglich, da dieser Befehl nur indirekt vorkommt.
Siehe halbsymbolische Darstellung 1—12.

halbsymbolische Darstellung 1—12

```
000   97  DSZ
001   40  IND
002   11   11
003   40  IND
004   12   12
005   00    0
006   00    0
```

Auf eine exakte Definition wird verzichtet, da es sich prinzipiell um eine Kombination zwischen
einem indirekten Register-*Dsz-Test (siehe 1.1.5.1) und einem indirekten Adressen-*Dsz-Test
(siehe 1.1.5.2) handelt.

Das besondere in diesem Befehl liegt also darin, daß 2 Indexregister benötigt werden. Die Indexvariable des ersten Indexregisters (R_{dd_1}) wird als Adresse eines Datenspeichers interpretiert und
zyklisch kommt es auf dem der Indexvariablen zugeordneten Datenspeicherplatz zur Dekrementbildung der Zählvariablen (Laufindex). Es gelten also die gleichen Gesetzmäßigkeiten, wie sie im Abschnitt 1.1.5.1 eingehend erläutert werden. Die Indexvariable des zweiten Indexregisters (R_{dd_2}) gilt
dagegen direkt als Adresse für den Befehlssprung bei der Bedingung $Z_V \neq 0$ und damit, wie sie im
Abschnitt 1.1.5.2 behandelt wurden.

Der für diesen komplexen und innerhalb eines Programms zwar äußerst leistungsstarken Befehl notwendige Aufwand ist relativ hoch. Er wird — zusätzlich noch durch die nicht ganz einfach
zu überschauenden Gesamtläufe erschwert — sicher nur in sehr großen Programmen mit mehreren
in sich verschachtelten Programmteilen anwendbar sein. Einen kleinen Einblick über den notwendigen Mindestaufwand an Speicherkapazität zeigt die Aufstellung:

R_{dd_1} $\,\hat{=}\,$ Indexregister für die Register-Indexvariable (Adresse für Zählvariable)

R_{dd_2} $\,\hat{=}\,$ Indexregister für die Adressenvariable (Adresse für den bedingten Sprung)

R_{OX} $\,\hat{=}\,$ Arbeitsspeicher für Zählvariable

R_{OY} $\,\hat{=}\,$ Anfangswert der Zählvariablen, um bei Wiederholung R_{OX} wieder arbeitsfähig zu machen.

Zusätzlich nimmt der Befehl, wie aus der halbsymbolischen Darstellung zu ersehen ist, 4 PS-Stellen
ein. Bezogen auf PSS ergibt sich somit ein Speicherbedarf von mindestens 32.

Einen Einblick in den Funktionsablauf zeigt Programmsegment 1–26. Vor Start des Programms Datenspeicher R_{00} – R_{12} so belegen, wie es Tabelle 1–13a zeigt. Zur Kontrolle mit Tastenfolge CLR INV *List Werte ausgeben lassen. Dann 5 eingeben und Start des Programms mit R/S. Als Ergebnis erscheint Tabelle 1–13b. Danach Werte der Datenspeicher R_{00} – R_{12} mit CLR INV *List kontrollieren (Tabelle 1–13c).

Programmsegment 1–26

```
219   91   R/S
220   42   STO
221   11    11
222   43   RCL
223   11    11
224   99   PRT
225   68   NOP
226   68   NOP
227   97   DSZ
228   40   IND
229   11    11
230   40   IND
231   12    12
232   07    7
233   07    7
234   99   PRT
235   98   ADV
236   61   GTO
237   02    02
238   19    19
239   00    0
```

Tabelle 1–13a		Tabelle 1–13b		Tabelle 1–13c	
0.	00	5.	0.	00
1.	01	5.	1.	01
2.	02	5.	2.	02
3.	03	5.	3.	03
4.	04	5.	4.	04
5.	05	77.	0.	05
6.	06		6.	06
7.	07		7.	07
8.	08		8.	08
9.	09		9.	09
10.	10		10.	10
0.	11		5.	11
222.	12		222.	12
0.	13		0.	13
			0.	14
			0.	15

Interpretation des Ergebnisses: Durch die Eingabe einer 5 über R/S wird das Indexregister $(dd_1 \triangleq R_{11})$ mit dem Wert 5 (Register-Indexvariable) belegt. Das Indexregister für die Adressenvariable $(dd_2 = R_{12})$ ist mit der Zahl 222 schon vor dem Start belegt und bildet somit die Rücksprungadresse für den *Dsz-Zyklus. Da das Indexregister R_{11} durch den indirekten Befehl keine Veränderung erfährt, wird durch den Aufruf mit PSS 222 deren Inhalt (im Beispiel eine 5) in das Anzeigeregister gebracht und gedruckt. R_{11} ist aber auch gleichzeitig das Indexregister für die Register-Indexvariable und enthält eine 5 als Indexvariable. Nun wird durch den Befehlsteil *Ind 11 (PSS 228 – 229) im Datenspeicher R_{05} die dort stehende Zählvariable (Laufindex) vom Anfangswert 5 zyklisch durch Dekrementbildung schließlich auf den Wert 0 gebracht. Dies ist dann die Abbruchbedingung für den *Dsz-Befehl und es kommt zum Druck der Zahl 77. Zur Kontrolle kann noch die Tabelle 1–13c herangezogen werden.

Erst wenn dieser Vorgang – eventuell auch mit anderen Zahlen – voll verstanden ist, hat es einen Sinn, diesen äußerst komplizierten Befehl in einem größeren Programm einzubauen.

1.1.6 Flag-Setz- und Flag-Nummer-Test-Befehl

Die Flag-Befehle schaffen auf Grund ihrer Funktionsweise die Voraussetzung für eine Vielzahl von Steueroperationen innerhalb eines Programms. Im Prinzip ist ein Flag ein interner Schalter, der durch den Befehl *St flg entweder eingeschaltet ($\triangleq$ gesetzt) oder mittels Befehl INV *St flg wieder ausgeschaltet ($\triangleq$ gelöscht) werden kann. Insgesamt stehen beim TI-58, TI-58C und TI-59 zehn derartige Schalter zur Verfügung. Ihre jeweilige Nummer (symbolische Abkürzung F) ist eine Ziffer zwischen 0 und 9, die dem oben genannten Befehl folgen muß. Die Besonderheit eines gesetzten oder nicht gesetzten Flag besteht darin, daß dieser Status nicht direkt sichtbar ist, sondern nur durch einen entsprechenden Test erkennbar wird. Die Löschung aller im Programm gesetzten Flags kann zusätzlich zu dem schon erwähnten Löschbefehl während eines Programmablaufs prinzipiell durch den Befehl RST geschehen.

Die eigentliche Steuerung des Programms läuft durch den Flag-Nummer-Test-Befehl richtig ab. Er überprüft, ob ein Flag mit einer bestimmten Nummer gesetzt oder gelöscht ist. Im Bejahungsfall — also Flag F gesetzt — wird der Ablauf der natürlichen Befehlsfolge abgebrochen und das Programm an anderer Stelle fortgesetzt. Die jeweilige Adresse für den Programmzähler (PZ) und somit für den bedingten Sprung ergibt sich aus der der Flag-Nummer nachgestellten Adresse. Ist das betreffende Flag dagegen nicht gesetzt, ist somit die Bedingung nicht erfüllt und die natürliche Befehlsfolge wird beibehalten. Einen Flag-Prüf-Befehl, der ganz allgemein prüft, ob irgendein Flag gesetzt ist, gibt es nicht.

An dieser Stelle sei noch einmal ausdrücklich an die Umkehrung der Testbedingung mittels INV erinnert, die nicht mit dem eigentlichen Setzbefehl — in dem Fall ein Löschbefehl für einen ganz bestimmten Flag — verwechselt werden darf.

    *if flg   F bbb $\stackrel{\wedge}{=}$ Test von Flag F oder als Frage formuliert: ist Flag eingeschaltet (also gesetzt)? Im Bejahungsfall Sprung zur Adresse bbb.

INV *if flg   F bbb $\stackrel{\wedge}{=}$ Ist Flag F gelöscht (also ausgeschaltet)? Oder anders gefragt: ist Flag F nicht gesetzt? Bei Bejahung (also Flag nicht gesetzt), erfolgt Sprung zur Adresse bbb.

Eine bedingte Programmverzweigung mittels eines Flag-Befehls setzt also dreierlei voraus:

- Setzen eines bestimmten Flag (Flag-Setz-Befehl)
- Überprüfen, ob ein bestimmter Flag gesetzt wird. Im Bejahungsfall kommt zwangsläufig an dieser Stelle eine Verzweigung (Flag-Nummer-Test-Befehl)
- Rücksetzen des gesetzten Flag, wenn neue Programmsituation es notwendig macht (Flag-Rücksetz-Befehl)

In keinem Fall wird für diesen Vorgang bei direkter Programmierung ein Datenspeicher benötigt.

1.1.6.1 Indirekte Flag-Setz- und Flag-Rücksetz-Befehle

Definition der indirekten Flag-Setz- bzw. Flag-Rücksetz-Befehle

Symbolische Darstellung: *St flg *Ind $\boxed{R_{I\,dd}}$

          bzw. INV *St flg *Ind $\boxed{R_{I\,dd}}$

Code: 86 40 dd   Drucksymbol: STF IND dd   bzw.
    22 86 40 dd   INV STF IND dd

Das Zeitverhältnis zwischen direktem und indirektem Befehl beträgt 100 : 104

Siehe halbsymbolische Darstellung 1—27a und 1—27b.

halbsymbolische Darstellung 1—27a

```
000   00   0
001   86   STF
002   40   IND
003   11   11
004   00   0
```

halbsymbolische Darstellung 1—27b

```
000   00   0
001   22   INV
002   86   STF
003   40   IND
004   11   11
005   00   0
```

Für indirekte Flag-Befehle und indirekte Rücksetz-Befehle ist — wie aus der symbolischen Darstellung hervorgeht — ein Indexregister Bedingung. Von der im Indexregister gespeicherten Indexvariablen wird nur die Einerstelle für das Setzen bzw. Löschen eines Flag gewertet. Diese Eigenart bringt immer dann Vorteile, wenn mehrere Flags unmittelbar nacheinander indirekt gesetzt oder gelöscht werden sollen.

Wie aus der Bedienungsanleitung hervorgeht, übernehmen bei direkter Programmierung die Flags 7, 8 und 9 Sonderfunktionen, die auch prinzipiell für die indirekte Programmierung im vollen Umfang wirksam werden. Hierbei nimmt das Flag 9 insofern sowohl bei direkter als auch bei indirekter Programmierung eine Sonderstellung ein, weil unmittelbar nach Setzen dieses Flags bei angeschlossenem Drucker auf Trace-Modus umgeschaltet wird, das heißt, es tritt ein Parallelbetrieb von Rechner und Drucker ein, der sonst nur mit dem Druckschalter „TRACE" am Drucker zu erzielen ist. Innerhalb eines Programms kommt es zur sofortigen Unterbrechung des Trace-Modus, wenn Flag 9 durch einen entsprechenden Befehl gelöscht wird. Ist nun die Indexvariable negativ (z. B. − 7; − 8; oder − 9), wird zwar ordnungsgemäß das zugehörige Flag gesetzt, die bisherige Sonderfunktion läßt sich jetzt aber nicht mehr erreichen.

Diese Eigenart ist für besondere Fälle als durchaus vorteilhaft zu bewerten, stehen doch in diesen Fällen 10 verschiedene Flags mit herkömmlicher Wirkungsweise zur Verfügung.

1.1.6.2 Indirekte Flagtest-Befehle

Die bedingt durch einen direkten Flagtest-Befehl notwendige Befehlsfolge, die sowohl eine Flagnummer als auch eine Befehlssprungadresse enthalten muß, ergibt für die indirekte Programmierung − ähnlich wie bei einem indirekten *Dsz-Befehl − 3 verschiedene Grundvarianten, die durch die Umkehrung der Bedingungsabfrage mittels Vorsetzen des Befehls INV sich um 3 weitere erhöht. Die letztgenannten Varianten (Variante 4 bis 6) ändern aber an der prinzipiellen Definition nichts und werden deshalb im weiteren nicht eingehender behandelt.

1. Variante: Indirekter Flag-Nummer-Test
2. Variante: Indirekter Flag-Adressen-Test
3. Variante: Indirekter Flag-Nummer-Test und Adressen-Test

Definition der indirekten Flag-Test-Befehle
Symbolische Darstellung:

1. Variante (a)   *if flg *Ind $\boxed{R_{I\,dd_1}}$ bbb bzw. L

2. Variante (b)   *if flg F *Ind $\boxed{R_{I\,dd_2}}$

3. Variante (c)   *if flg *Ind $\boxed{R_{I\,dd_1}}$ *Ind $\boxed{R_{I\,dd_2}}$

Die Umkehrung der Bedingungsfrage erfolgt bei den Varianten 4 − 6 lediglich durch Vorsetzen des Befehls INV. Bei der Bezeichnung wird an Stelle des Wortes "Test" die Wortzusammensetzung „Testumkehrung" formuliert.

Code: 1. Variante (a)   87 40 "dd" "bbb"   bzw.   "L"
      2. Variante (b)   87 "F" 40 "dd"
      3. Variante (c)   87 40 "dd" 40 "dd"
Drucksymbol: 1. Variante (a)   IFF IND "dd" "bbb"   bzw.   "L"
              2. Variante (b)   IFF "F" IND "dd"
              3. Variante (c)   IFF IND "dd" IND "dd"
Das Zeitverhältnis zwischen direktem und indirektem Befehl beträgt bei Variante 1 = 100 : 102 (gesetzt oder nicht gesetzt), bei Variante 2 = 100 : 96 (!) (gesetzt) und 100 : 100 (nicht gesetzt), bei Variante 3 = 100 : 103 (gesetzt oder nicht gesetzt).

Siehe halbsymbolische Darstellung 1−28a, 1−28b und 1−28c.

Auf die bisher gewählte Form der Definition mit Symbolen wird aus Gründen der Übersichtlichkeit bei diesem Befehl einmal verzichtet.

<table>
<tr><td>

**halbsymbolische
Darstellung 1–28a**

```
000   00   0
001   87   IFF
002   40   IND
003   11   11
004   00   00
005   00   00
006   00   0
```

</td><td>

**halbsymbolische
Darstellung 1–28b**

```
000   00   0
001   87   IFF
002   09   09
003   40   IND
004   12   12
005   00   0
```

</td><td>

**halbsymbolische
Darstellung 1–28c**

```
000   00   0
001   87   IFF
002   40   IND
003   11   11
004   40   IND
005   12   12
006   00   0
```

</td></tr>
</table>

Am einfachsten zu handhaben sind die Befehlsvarianten 1 bzw. 4. Bei ihnen wird der zu setzende Flag von der Einerstelle der Indexvariablen bestimmt. Ein wesentlicher Vorteil besteht vor allem darin, daß die vom herkömmlichen Befehl gewohnte Ansprungadresse erhalten bleibt und sich auch als Label programmieren läßt.

Die Anwendung der zweiten bzw. fünften Variante ist dann vorteilhaft, wenn die Flag-Nummer (F) nicht verändert werden soll, sondern je nach Situation, die sich aus dem Programm ergeben, die Sprungadresse eine Veränderung erfahren muß, denn diese ergibt sich dann aus der Indexvariablen. Indexvariable des Indexregisters stimmt so mit der sonst gewohnten Sprungadresse überein.

Einen hohen Aufwand sowohl in Bezug auf Programmierzeit, Konzentration und zusätzlich noch an Datenspeicherplätzen erfordern die Varianten 3 und 6. Das erste Indexregister (dd_1) enthält in der Einerstelle der Indexvariablen die zu testende Flagnummer, während im zweiten Indexregister (dd_2) die Indexvariable mit der Sprungadresse identisch ist.

Da — wie schon erwähnt — zum Festlegen der Flagnummer nur die Einerstelle der Indexvariablen als solche interpretiert wird, gelingt es, bei sehr geschickter Programmierung und gleichzeitigem Vorliegen bestimmter Bedingungen nur ein einziges Indexregister zu benutzen. Die Einerstelle der Sprungadresse muß dann mit der Flagnummer immer identisch sein.

Das Programmsegment 1–27 ist als Demonstrationsbeispiel aufzufassen, da es sowohl das indirekte Setzen und Löschen der Flagnummer 0 — 9 als auch einen indirekten Flag-Nummer-Test berücksichtigt. Zusätzlich läßt sich damit die Sonderfunktion des Flag 7, 8 und 9 indirekt sichtbar machen. Ein Drucker ist in diesem Fall unbedingt nötig, weil das Beispiel andernfalls kaum zum Verständnis beiträgt.

Ablauf und Beschreibung von Programmsegment 1–27:
Eingabe der Variable .1376023489; Start mit R/S. Der Drucker gibt zur Kontrolle die eingegebene Variable sofort aus. Der insgesamt ablaufende Druckvorgang ist aus Tabelle 1–14 zu erkennen.

Der eingegebene Wert wird als Indexvariable auf Indexregister R_{11} gespeichert. Der auf PSS 004 — 011 stehende Code entspricht dem Wort FLAG und wird Inhalt des vierten (*Op 04) Druckregisters. Ab PSS 018 beginnt eine zählergesteuerte *Dsz-Schleife, deren Zählvariable (Laufindex) vorher auf R_{00} bereitgestellt wurde. Unmittelbar nach Verschiebung des Kommas um eine Stelle nach links bei der Indexvariablen (PSS 018 — 021) wird zum ersten Mal ein Flag indirekt gesetzt. In dem gewählten Beispiel Flagnummer 1. Zur Kontrolle der Indexvariablen wird diese jetzt aufgerufen und gedruckt (zweite Druckzeile in Tabelle 1–14). Danach folgt eine indirekte Flag-Nummer-Testumkehrung (INV auf PSS 028), deren Indexregister mit dem vorherigen aus Demonstrationsgründen identisch ist. Bei dieser Abfolge ist die Nummer des gesetzten Flags mit der Nummer des getesteten Flags identisch. Die Frage, ob Flag F gelöscht ist (also nicht gesetzt), wurde somit verneint. Aus diesem Grunde wird die im Befehl angeführte bedingte Sprungadresse ()047() nicht ausgeführt (Jazweig), sondern vielmehr die natürliche Befehlsfolge weiter abgearbeitet. Die Ausführung dieses kommenden Teils ist somit die sichtbare Kontrolle, ob alles ordnungsgemäß läuft. Zwischen PSS 034 und 044 wird die sonst innerhalb der Variablen in Einerstellenposition stehende Ziffer isoliert und mittels *Op 06 in der Tabelle 1—15 als zweite gedruckt (erster Flag).

Tabelle 1—14

```
  . 1376023489
 1. 376023489
           1.        FLAG
13. 76023489
           3.        FLAG
137. 6023489
           7.        FLAG
1376. 023489
           6.        FLAG
13760. 23489
           0.        FLAG
137602. 3489
           2.        FLAG
1376023. 489
           3.        FLAG
13760234. 89
           4.        FLAG
137602348. 9
           8.        FLAG
          10.        RCL
                      11
1376023489.
1376023489.          PRT
1376023489.          IIFF
                      *11
          1376023489
                      47
1376023489.          INT
1376023489.
1376023489.          ÷
          10.        =
137602348. 9
137602348. 9         IINT
           0. 9
           0. 9       ×
          10.        =
           9.
           9.        OP
                       6
           9.        FLAG
           9.        DSZ
                       0
                      18
```

```
          10.        STO
                       0
          10.
      152735.        OP
                       4
      152735.
      152735.        ISTF
                      *0
                      10
      152735.        RCL
                       0
          10.
          10.        OP
                       6
          10.        CLR
          10.        DSZ
                       0
                      63
          10.        ISTF
                      *0
                       9
           9.        CLR
           8.        CLR
           7.        CLR
           6.        CLR
           5.        CLR
           4.        CLR
           3.        CLR
           2.        CLR
           1.        CLR
          77.
```

Tabelle 1—15

```
 -. 1376023489
 -1. 376023489
          -1.        FLAG
-13. 76023489
          -3.        FLAG
-137. 6023489
          -7.        FLAG
-1376. 023489
          -6.        FLAG
-13760. 23489
           0.        FLAG
-137602. 3489
          -2.        FLAG
-1376023. 489
          -3.        FLAG
-13760234. 89
          -4.        FLAG
-137602348. 9
          -8.        FLAG
-1376023489.
          -9.        FLAG
          10.        CLR
           9.        CLR
           8.        CLR
           7.        CLR
           6.        CLR
           5.        CLR
           4.        CLR
           3.        CLR
           2.        CLR
           1.        CLR
          77.
```

    Es erfolgt nun der Rücksprung und anschließend eine weitere Verschiebung des Kommas der Indexvariablen um eine Position nach links, damit eine weitere Flagnummer in die Position der Einerstelle kommt. Dies ist auch an der veränderten Indexvariablen im Druckbild erkennbar. Die Programmschleife und das Druckbild laufen solange in dieser Weise, bis schließlich nach Flag 8 die Nummer 9 folgt. Unmittelbar nach Setzen dieses Flags geht der Drucker in den Trace-Modus über. Um sofort zu erkennen, wo die indirekte Flag-Nummer-Testumkehrung ausgeführt wird, wurde die bisherige Kennzeichnung beibehalten. Dadurch kann gleichzeitig demonstriert werden, daß bei diesem Modus unmittelbar nach dem indirekten Befehl (zum Beispiel IIFF) eine Zahl mit einem Stern folgt. Diese Zahl mit Stern ist das Indexregister. Direkt darunter steht die Indexvariable, wobei in diesem Fall nur die in Einerposition stehende Zahl 9 interessant ist. Kurz vor Abbruch der *Dsz-Schleife wird die Zeile "9. FLAG" gedruckt.

Innerhalb des Programms (siehe Programmsegment 1—27) wird ab PSS 051 eine Zählvariable (Laufindex) für eine weitere *Dsz-Schleife auf dem gleichen Datenspeicher bereitgestellt. Der nachfolgende Code 15 27 35 entspricht der Alphazeichenkombination CLR. Die Speicherung geschieht wiederum im vierten Druckregister. Ab PSS 063 — 066 erfolgt eine indirekte Löschung der gesetz-

Programmsegment 1—27

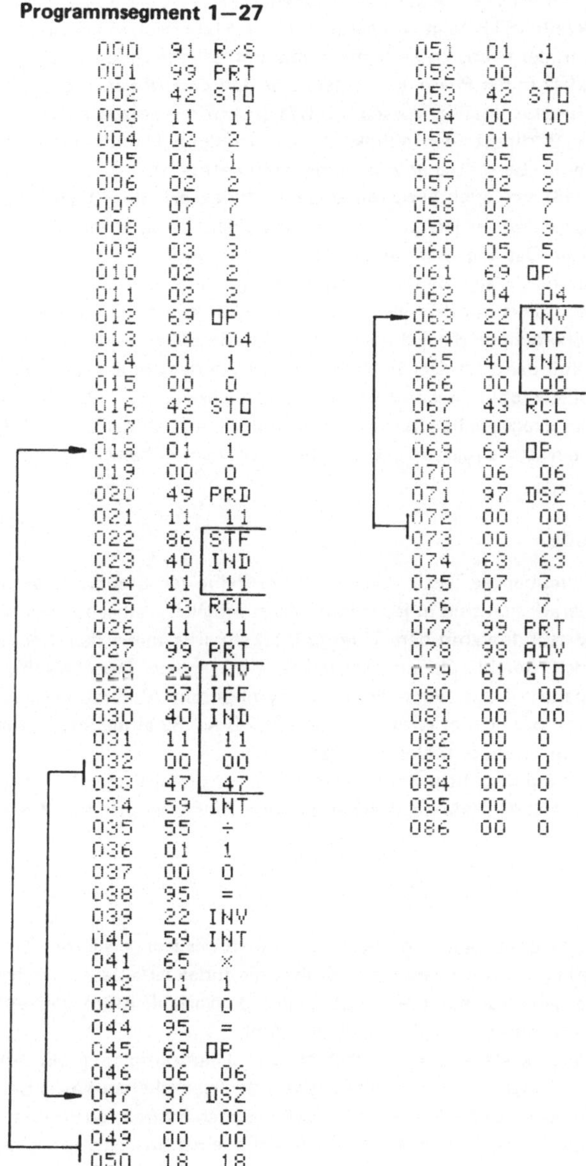

ten Flags. Dabei wird die Zählvariable (Laufindex) als Indexvariable ausgenutzt, das heißt, R_{00} fungiert gleichzeitig als Indexregister. Da der Anfangswert 10 ist, wird die in Einerposition stehende 0 indirekt zum Löschen des Flags 0 benutzt. Das hat aber zur Folge, daß der Trace-Modus noch weiterläuft. Die Zeile „10. CLR" ist somit als „0. CLR" zu interpretieren, das heißt, Flagnummer 0 ist gelöscht. Da als nächste Zählvariable die 9 kommt (Dekrementbildung!), wird durch die Verschachtelung zwischen Zählvariable und Indexvariable jetzt Flag 9 gelöscht. Der Trace-Modus wird unterbrochen.

Auch an den letzten 3 Zeilen, der im Trace-Modus gedruckten Tabelle ist der ablaufende Vorgang gut erkennbar. Nach der Druckzeile ISTF folgt, wiederum an dem Sternzeichen erkennbar, die Adresse des Indexregisters (*0) und in der nächsten Zeile die in ihm befindliche Indexvariable (9). Diese ideale Unterscheidung vermindert in der Phase der Fehlersuche den Zeitaufwand ganz erheblich. Um dabei Papier zu sparen, ist es zweckmäßig, vorerst nur den als kritisch einzuschätzenden Programmteil mittels Setzen des Flag 9 (direkt oder indirekt) zu kontrollieren. Nachträglich werden diese Befehle dann durch *Nop-Befehle überschrieben oder anderweitig gelöscht.

Mit Programmsegment 1—27 läßt sich auch beweisen, daß eine Indexvariable −9 den Trace-Modus nicht auslöst. Um dies zu überprüfen, ist lediglich nach Eingabe der vorhin genannten Variablen vor Start die Taste +/− zu drücken. Das Ergebnis aus Tabelle 1—15 zu ersehen.

Die Überprüfung der Funktion, daß Flag 8 den Abbruch des Programms bewirkt, wenn eine Fehlerbedingung auftritt, läßt sich ebenfalls mit dem gleichen Programmsegment demonstrieren. Hierzu ist lediglich auf PSS 036 vorübergehend die 1 durch einen *Nop-Befehl zu ersetzen. In diesem Fall wird nach PSS 037 durch Null dividiert. Der Rechner bleibt an dieser Stelle stehen, wenn Flag 8 gesetzt wird. Dieser Fehler wurde schon lange vorher blinkend angezeigt (zum Beispiel beim Druck der zusätzlichen Ausgabe eines Fragezeichens). Dies tritt unmittelbar nach der ersten Ausführung der fehlerhaften Operation ein (siehe hierzu auch Tabelle 1—5), bemerkbar ist der Fehler aber nur, wenn Flag 8 gesetzt ist.

1.2 Befehle mit indirektem Code

Bei einem AOS-Rechner können über die Taste *Op eine ganze Reihe von Steueroperationen ausgeführt werden. Einige dieser Operationen sind in jeder Betriebsart möglich, während andere nur in einem speziellen Modus oder in Verbindung mit dem Thermodrucker wirksam werden. Bei herkömmlicher Programmierung muß dem Befehl *Op ein zweistelliger Code folgen. Der gewählte Code legt dann die Art der Steueroperation fest, wobei der Code (symbolische Abkürzung C), der auch als Kennzahl der Steueroperation bezeichnet wird, den Wert $0 \leqslant C \leqslant 39$ einnehmen kann. $C \leqslant 08$ ist nur in Verbindung mit dem Thermodrucker einsetzbar.

Bei der indirekten Programmierung derartiger Steueroperationen ist dieser Code als Indexvariable aus jedem beliebigen Datenspeicher (Indexregister) erreichbar. Hierzu ist prinzipiell diese Befehlsfolge notwendig:

*Op *Ind $\boxed{R_{I\,dd}}$

Die tatsächlich ausgeführte Operation richtet sich somit nach dem Inhalt des frei gewählten (Index-register) variabel. Auf eine Besonderheit sei noch verwiesen. Besitzt die Indexvariable Zahlen hinter dem Komma (Dezimalbruch), so werden diese nicht beachtet. Eine Indexvariable mit negativem Vorzeichen wird als Code nicht angenommen und wirkt als Leerbefehl.

Aus dem Umfang der zur Verfügung stehenden Kennzahlen wird gleichzeitig die große Anzahl von Operationen ersichtlich, die zusätzlich und unabhängig von den eigentlichen Tastenbefehlen zur Verfügung stehen. Prinzipiell lassen sich alle diese *Op-Befehle auch indirekt ausführen — wie schon beschrieben. Dabei liegt der Vorteil nur in Ausnahmefällen in einer erreichbaren Einsparung an Programmspeicherstellen sondern vorrangig in der Realisierung einer besseren Programmorganisation und dies auch nur dann, wenn komplexe *Op-Befehle mit zyklisch verändertem Code prinzipiell noch die gleiche Wirkung besitzen. Hierzu gehören beispielsweise das Löschen, Laden und die Ausgabe der Druckregister (*Op 00 — 06) und die Dekrement- und Inkrementbildung (*Op 20 — 39) auf den Datenspeichern R_{00} — R_{09}.

Völlig unabhängig von diesen *Op-Befehlen gibt es noch 2 weitere Befehle, die ebenfalls mit einem Code über ein Indexregister ausführbar sind. Hierzu gehören der indirekte Programmaufruf und die indirekte Festkomma-Einstellung. Auf letztgenannten Befehl, der indirekt ausgeführt die Möglichkeit schafft, sich bestimmten aktuellen Gegebenheiten bei der Anzeige bzw. Druck anzupassen, wird noch gesondert eingegangen.

1.2.1 Indirekte Steueroperationen

Wie schon erwähnt, gibt es 40 verschiedene Steueroperationen, die sich alle über einen indirekten *Op-Befehl ausführen lassen. Besonders interessant und im Programmablauf recht nützlich sind indirekte Steueroperationen des Druckers.

1.2.1.1 Indirektes alphanumerisches Drucken

Das alphanumerische Drucken erfordert den Code 00 — 06. Für eine rationelle Programmorganisation schafft die indirekt programmierte Ausführung des Druckens gewisse Vorteile, zum Beispiel bei einem Dialog zwischen Rechner und Bediener, weil ein derartiges Programmsegment sich jederzeit neuen Gegebenheiten anpassen läßt und die Vorbereitung eines Programmlaufs wesentlich erleichtert. Der Einsatz eines derartigen Programmsegments ist umso lohnender, je umfangreicher der notwendige Dialog gewählt werden muß, zum Beispiel dann, wenn es wichtig ist, eine größere Anzahl von Variablen irrtumssicher dem Rechner einzugeben. Ein weiterer Vorteil liegt auch möglicherweise darin, daß eine Hilfskraft für die Bedienung des Rechners eingesetzt werden kann. Bei größerem Dialogumfang tritt zusätzlich der Effekt einer gewissen Einsparung an PS-Stellen ein (Tafel 1—13).

In diesem Zusammenhang sei daran erinnert, daß eine zyklische Wiederholung der alphanumerischen Druckbefehle folgendes voraussetzt:

● Ein Text mit maximal 20 Zeichen (einschließlich der Leerstellen) je Zeile muß codiert werden und bildet dann einen vierer Druckblock.

Tafel 1—13

| Anzahl der Druckzeilen | Summe benötigter PS-Stellen (erforderliche Datenspeicher auf PSS umgerechnet) | | Differenz an PSS |
	direkte Programmierung (Druckcode im Programm)	indirekte Programmierung (Druckcode auf dd)	
1	maximal 42	81	− 39
2	maximal 82	113	− 31
3	maximal 122	145	− 23
4	maximal 162	177	− 15
5	maximal 202	209	− 7
6	maximal 242	241	+ 1
7	maximal 282	273	+ 9
8	maximal 322	305	+ 17

- Bei der Codierung ist zu beachten, daß zwar nur maximal 5 Schriftzeichen zu einem Block zusammengefaßt werden können, der Text aber auf den benachbarten Block übergreifen darf.

- Die Codierung geschieht nach der Tabelle in der Bedienungsanleitung, wobei ein maximal ausgefüllter Block in codierter Form eine 10 stellige Zahl — auch als Druckkonstante bezeichnet (symbolische Abkürzung K_D) — ergibt.

- Bei der indirekten Ausführung des alphanumerischen Druckvorganges ist es zweckmäßig, diese Druckkonstanten auf Datenspeicherplätzen unterzubringen und nicht etwa in das Programm direkt einzubauen.

- Um ein sicheres Bereitstellen aller 4 zu einer Druckzeile gehörigen Druckkonstanten (K_{D1} — K_{D4}) innerhalb eines zyklischen Programmablaufes zu sichern, sind besondere programmorganisatorische Gesichtspunkte zu beachten. Hierzu gehört zum Beispiel die Verdrehung der Abspeicherung in der Weise, daß sich diese Situation ergibt:

   ⟨1. Druckregister⟩ := 4. Druckkonstante

   ⟨2. Druckregister⟩ := 3. Druckkonstante

   ⟨3. Druckregister⟩ := 2. Druckkonstante

   ⟨4. Druckregister⟩ := 1. Druckkonstante

   Die vierte bis erste Druckkonstanten bilden eine Druckzeile und benötigen jeweils 4 Datenspeicherplätze.

- Die Druckkonstanten sind dann zusätzlich noch blockweise von einem Speicherplatz beginnend fortlaufend zu speichern. Also zum Beispiel $K_{D1} \to R_{02}$, $K_{D2} \to R_{03}$, $K_{D3} \to R_{04}$, $K_{D4} \to R_{05}$; und für die nächste Zeile jetzt $K_{D1} \to R_{06}$ usw., damit der eigentliche Aufruf jedes einzelnen Blocks ebenfalls indirekt erfolgen kann.

Als Beispiel sei einmal angenommen, daß der alphanumerische Text Zeile für Zeile — und zwar vorerst ohne Unterbrechung[21] — gedruckt werden soll. Die hierzu nötigen Konstanten und der jeweils gewählte Speicherplatz sind aus Tabelle 1—17 zu ersehen. Sie müssen vor dem Programmablauf auf den entsprechenden Datenspeicherplätzen bereitstehen.

WERT 1. LEITZAHL? $\hat{=}$ K_D auf R_{02} bis R_{05}

WERT 2. LEITZAHL? $\hat{=}$ K_D auf R_{06} bis R_{09}

BRENNWEITE IN MM? $\hat{=}$ K_D auf R_{10} bis R_{13}

WERT P/VERHÄLTNIS? $\hat{=}$ K_D auf R_{14} bis R_{17}

KORREKTURWERT IN MM? $\hat{=}$ K_D auf R_{18} bis R_{21}

ENTFERNUNG $\hat{=}$ K_D auf R_{22} bis R_{25}

1:4 1:2 K Z′ $\hat{=}$ K_D auf R_{26} bis R_{29}

Tabelle 1—16

```
WERT 1. LEITZAHL?
WERT 2. LEITZAHL?
BRENNWEITE IN MM?
WERT P/VERHAELTNIS?
KORREKTURWERT IN MM?
ENTFERNUNG
1:4   1:2    K    Z'
```

Der fertige Kopf — hier noch keine echte Korrespondenz zwischen Bediener und Rechner — ist als Tabelle 1—16 abgebildet.

Die Realisierung erfolgt mit Programmsegment 1—28. Dabei verblüfft im ersten Augenblick die Kürze des Programmteils. Dies wird dadurch erreicht, daß nur 2 Indexregister benutzt werden.

R_{00} Indexregister zum Aufruf der Druckkonstanten aus den Datenspeicherplätzen R_{02} — R_{29}

R_{01} Indexregister für den Code des Befehls *Op 04 bis *Op 01. Die Indexvariable von 4 beginnend wird auf PSS 009 — 011 bereitgestellt und ist gleichzeitig die Zählvariable (Laufindex) für den *Dsz-Befehl (PSS 018 — 021).

---

[21] Wie zusätzlich die Eingabe und Abspeicherung der nach dieser Frage einzugebenden Variablen erfolgt, wird im Abschnitt 2 eingehend erläutert.

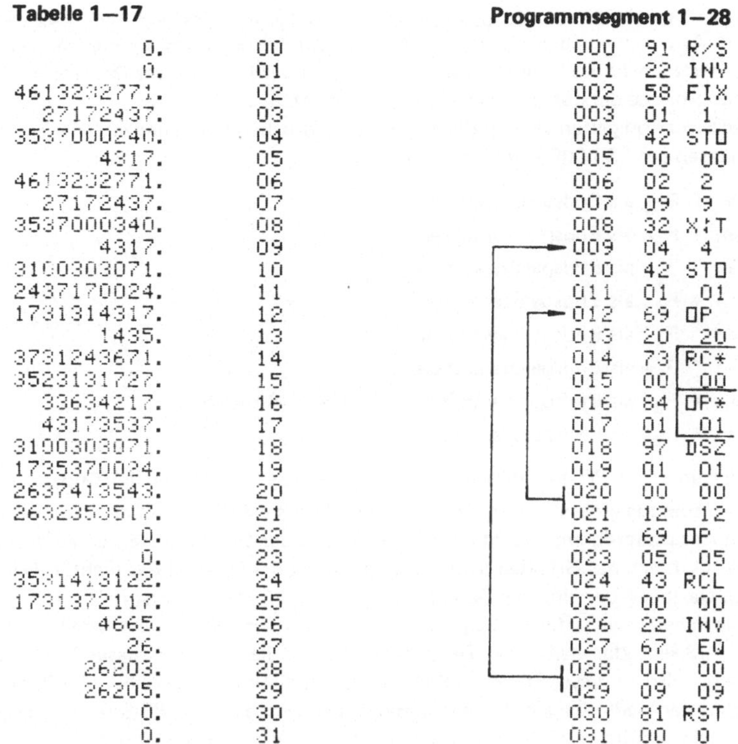

Tabelle 1—17

0.	00
0.	01
4613232771.	02
27172437.	03
3537000240.	04
4317.	05
4613232771.	06
27172437.	07
3537000340.	08
4317.	09
3100303071.	10
2437170024.	11
1731314317.	12
1435.	13
3731243671.	14
3523131727.	15
33634217.	16
43173537.	17
3100303071.	18
1735370024.	19
2637413543.	20
2632353517.	21
0.	22
0.	23
3531413122.	24
1731372117.	25
4665.	26
26.	27
26203.	28
26205.	29
0.	30
0.	31

Programmsegment 1—28

000	91	R/S
001	22	INV
002	58	FIX
003	01	1
004	42	STO
005	00	00
006	02	2
007	09	9
008	32	X:T
009	04	4
010	42	STO
011	01	01
012	69	OP
013	20	20
014	73	RC*
015	00	00
016	84	OP*
017	01	01
018	97	DSZ
019	01	01
020	00	00
021	12	12
022	69	OP
023	05	05
024	43	RCL
025	00	00
026	22	INV
027	67	EQ
028	00	00
029	09	09
030	81	RST
031	00	0

Im Programm laufen 2 getrennte Zyklen ab. Der innere Zyklus, der über den *Dsz-Befehl gesteuert wird, sorgt dafür, daß die jeweils aktuelle Druckkonstante indirekt über das Indexregister R_{00} aufgerufen wird (PSS 012 — 015). Der indirekte *Op-Befehl (PSS 016 — 017) lädt im ersten Zyklus auf Grund seiner Anfangsindexvariablen das vierte Druckregister. Hier liegt auch der Grund für die vorher schon erwähnte Verdrehung der Abspeicherung der Druckkonstanten, die zu einer Druckzeile gehören, denn die Zeile wird blockweise gewissermaßen von hinten nach vorne in das Druckregister geladen. Die nicht belegten Datenspeicher R_{22} und R_{23} sind gewollte Leerräume im Druckbild. Die Ausgabe der Druckzeile erfolgt außerhalb dieses Zyklus. Prinzipiell wäre es zwar möglich, auch den *Op 05-Befehl indirekt im inneren Zyklus auszuführen, würde aber keinerlei Vorteil bringen. Im Gegenteil, sie erschwert den fortlaufenden indirekten Aufruf aller Druckkonstanten und, wie zu einem späteren Zeitpunkt noch erkennbar wird, auch zusätzlich den echten Dialog.

Wieviel Druckzeilen gedruckt werden sollen, wird letztenendes durch die im T-Register gespeicherte Zahl im Vergleich mit dem in R_{00} durch Dekrementbildung (PSS 012 — 013) erreichten Wert der Indexvariablen bestimmt (x=t Test). Ohne Zweifel würde eine Steuerung auch dieser Schleife über einen *Dsz-Befehl eleganter wirken. Vor allem wäre dann die Anzahl der auszugebenden Druckzeilen direkt an der Zählvariablen erkennbar, hätte aber den Nachteil, daß ein weiterer Datenspeicher benötigt würde. Die Anpassung an andere Gegebenheiten, zum Beispiel weniger oder mehr Druckzeichen muß deshalb über die auf PSS 006 — 007 abgespeicherte Zahl erfolgen.

Können die Datenspeicherplätze ab R_{02} beginnend nicht mit Druckkonstanten belegt werden, zum Beispiel bei Anwendung eines Standard-Software-Modul-Programms, muß auch die auf PSS 03 stehende 1 entsprechend korrigiert werden, denn aus ihr wird ja nach der Dekrementbildung letztenendes die erste Adresse der aufzurufenden Druckkonstanten.

In der jetzigen Situation gelten also für die einzelnen zu druckenden Zeilenzahlen diese Endspeicheradressen (müssen auf PSS 006 — 007 stehen):

- eine   Druckzeile $\hat{=}$ R_{05} als Endspeicheradresse
- zwei   Druckzeilen $\hat{=}$ R_{09} als Endspeicheradresse
- drei   Druckzeilen $\hat{=}$ R_{13} als Endspeicheradresse
- vier   Druckzeilen $\hat{=}$ R_{17} als Endspeicheradresse
- fünf   Druckzeilen $\hat{=}$ R_{21} als Endspeicheradresse
- sechs Druckzeilen $\hat{=}$ R_{25} als Endspeicheradresse
- sieben Druckzeilen $\hat{=}$ R_{29} als Endspeicheradresse (vorliegende Situation)
- acht   Druckzeilen $\hat{=}$ R_{33} als Endspeicheradresse

Im Normalfall würde eine Programmvariante, die eine gewisse Sorgfalt bei der Anpassung erfordert, wegen der Einsparung eines einzigen Datenspeicherplatzes verworfen. Aber hinter dem eigentlich sehr kurzen Ausgabeprogramm steht die Abspeicherung der Druckkonstanten auf Datenspeicherplätzen, die zusätzlich aus Gründen der Übersichtlichkeit des Druckbildes nicht in jedem Fall voll gefüllt sind. Da aber jeder einzelne Datenspeicherplatz 8 PS-Stellen entspricht, ist der tatsächlich benötigte Speicheraufwand für eine alphanumerische Korrespondenz ganz erheblich. Dies wird aus der Tafel 1—13 sehr klar ersichtlich. Dabei beziehen sich die Zahlen in dieser Tabelle auf PS-Stellen. Gleichzeitig wird an dieser Stelle deutlich, daß der indirekte Einsatz von *Op-Befehlen nur unter ganz bestimmten Bedingungen Vorteile in Bezug auf Einsparung an PS-Stellen bringt, in dem gewählten Beispiel eigentlich erst dann, wenn mindestens 7 Druckzeilen mit dem erläuterten Programmsegment ausgegeben werden.

Der größte Vorteil dieser Variante liegt in der inneren Geschlossenheit und Übersichtlichkeit des Programmsegments und der Möglichkeit, jede Druckzeile lediglich durch Verändern der Druckkonstanten in dem dafür vorgesehenen Datenspeicherplatz den individuellen Erfordernissen anzupassen. Wären dagegen die einzelnen Druckcodes Bestandteil des Programms, so wäre eine Korrektur sehr zeitraubend und das gesamte Programm sehr unübersichtlich, würde aber ohne jeden Zweifel Speicherplätze einsparen. Die zusätzlich benötigte Zeit für indirekt ausgeführte *Op-Befehle ist unbedeutend und beträgt 100 : 103.

1.2.2 Indirekte Festkommaeinstellung

Bekanntlich läßt sich über den Befehl *Fix mit nachfolgender Ziffer (Code) 0 bis 8 der Rechner anweisen, die in der Anzeige (nicht im Anzeigeregister!) angezeigten Ergebnisse auf die vorgewählte Dezimalstellenzahl zu runden. Mit der Befehlsfolge *Fix 9 (bzw. INV *Fix) wird die Festkommawahl aufgehoben.

Bei der indirekten Ausführung dieses Befehls ist lediglich darauf zu achten, daß der nach dem eigentlichen Befehl kommende Code als Indexvariable in einem Indexregister untergebracht ist

    *Fix *Ind $\boxed{R_{I\,dd}}$

Auch bei diesem indirekten Befehl wird nur die Einerstelle der im Indexregister befindlichen Indexvariablen gewertet. Stellen hinter dem Komma bleiben unbeachtet, so daß eine zyklische Verschiebung des Kommas um eine Position nach links einer entsprechend aufgebauten Indexvariablen innerhalb eines Programms bestimmte Vorteile bringt, weil die Zahlen vor und hinter der Einerstelle nicht beseitigt werden müssen. Eine negative Indexvariable wird als Null interpretiert.

Beispiel: Der Anfangswert der Indexvariablen sei 0,123 und wird zyklisch im Indexregister vor dem Aufruf der indirekten Festkommastellung mit 10 multipliziert.

$0,123 \cdot 10 = 1,23 \,\hat{=}\,$ Rundung auf 1 Stelle   hinter dem Komma
$1,23 \,\cdot 10 = 12,3 \,\hat{=}\,$ Rundung auf 2 Stellen hinter dem Komma
$12,3 \,\cdot 10 = 123 \,\hat{=}\,$ Rundung auf 3 Stellen hinter dem Komma

Manchmal ist es auch vorteilhaft, die Indexvariable mit der *Dsz-Zählvariablen (Laufindex) zu koppeln.

Eine vorteilhafte Einsatzmöglichkeit ergibt sich bei einer automatischen Anpassung der (dezimalen) Positionsdarstellung[22] in Abhängigkeit von der Stelligkeit einer Zahl, also der Anzahl der Stellen vor dem Komma, deren Parameter in der nächsten Darstellung mit n angegeben wird. Für diese Forderung gilt die Beziehung:
Anzahl der Stellen vor dem Komma für $n := \mathrm{INT}\,(\lg n + 1)$

Beispiel: Für die nicht bekannte Zahl 9999,99999 soll der Rechner feststellen, wieviel Stellen vor dem Komma stehen. Die Befehlsfolge wäre dann: 9999,99999 *Log + 1 = *Int. Nach dieser Operation befindet sich im Anzeigeregister eine 4.

Durch diese Verfahrensweise läßt sich bei sehr stark schwankenden Werten eine oft nur vorgetäuschte Genauigkeit recht elegant eliminieren. Der hierzu noch notwendige Maßstab (symbolische Abkürzung M), kann jederzeit den gewünschten Anforderungen angepaßt werden. Dabei gibt der frei wählbare Maßstab $(M \leqslant 9)$ die Anzahl der Dezimalstellen an bei einer Zahl mit Nullstellen vor dem Komma. Somit kommt es innerhalb des Programms zur automatischen Ermittlung der Indexvariablen bei vorgegebenem Maßstab mit dem Algorithmus:

$$C := M - [\mathrm{INT}\,(\log n + 1)]$$

Bei einem gewählten Maßstab von 6 ergeben sich deshalb automatisch der Code (C)

Ergebnis mit 0 Stellen vor dem Komma $\hat{=}$ Code 6
Ergebnis mit 1 Stellen vor dem Komma $\hat{=}$ Code 5
Ergebnis mit 2 Stellen vor dem Komma $\hat{=}$ Code 4
Ergebnis mit 3 Stellen vor dem Komma $\hat{=}$ Code 3
Ergebnis mit 4 Stellen vor dem Komma $\hat{=}$ Code 2
Ergebnis mit 5 Stellen vor dem Komma $\hat{=}$ Code 1
Ergebnis mit 6 Stellen vor dem Komma $\hat{=}$ Code 0
Ergebnis mit 7 Stellen vor dem Komma $\hat{=}$ Code $-$ 1
Ergebnis mit 8 Stellen vor dem Komma $\hat{=}$ Code $-$ 2
Ergebnis mit 9 Stellen vor dem Komma $\hat{=}$ Code $-$ 3

Wird der so ermittelte Code zur Indexvariablen eines indirekten Befehls einer Festkommaeinstellung, ist der errechnete Code mit der Anzahl der im Display angezeigten Stellen hinter dem Komma bei entsprechender Programmierung identisch. Da $-$ 1; $-$ 2 und $-$ 3 als 0 interpretiert wird, gibt es auch bei größeren Zahlenwerten keine Schwierigkeiten. Die Rundung erfolgt hierbei entsprechend den bekannten Regeln.

---

[22] Die allgemein verbreitete Bezeichnung „Dezimaldarstellung" an Stelle des Begriffs „Positionsdarstellung" ist deshalb nicht treffend, weil diese Darstellungsform nicht an das Dezimalsystem gebunden ist.

2 Der Thermodrucker als Hilfsmittel zur Verbesserung der Programmorganisation

2.1 Prinzipielle Anwendungsbereiche

Wie schon in der Einleitung betont, bezieht sich die Organisation sowohl auf die Anordnung und den Aufbau des gesamten Programms, deren größtes Ziel darin besteht, Programme zu erarbeiten, deren Anpassung an neue Gegebenheiten möglichst ohne großen Zeitaufwand und vor allem weitgehend unkompliziert sein sollte. Der Ablauf und die Kontrolle müßten sich möglichst aus sich selbst vollziehen. Neben anderen Vorteilen, die nicht Gegenstand dieses Buchtitels sind, spielt hierbei der Thermodrucker eine wesentliche Rolle. Und wer erst einmal mit der Kombination zwischen AOS-Rechner und Thermodrucker gearbeitet hat, möchte ihn nicht mehr missen. Zur Organisation gehört auch die Programmdokumentation.

2.1.1 Auflisten der Programme und der Konstanten

Beim Auflisten eines Programms ist lediglich darauf zu achten, daß der Programmzähler auf 000 steht (erreichbar durch RST oder GTO 00). Der extern (Rechenmodus) eingegebene Befehl *List sorgt nun dafür, daß die im Programmspeicher stehenden Befehle ausgeben werden. Der Halt erfolgt durch R/S. Diese Dokumentation sollte in der Regel aber erst dann ablaufen, wenn das Programm endgültig fertig gestellt ist. Ob auf der Programmliste zusätzliche Zeichen eingetragen werden, ist weitestgehend von dem Umfang der weiteren Programmdokumentation abhängig. Vielfach wird beim TI-58 nach einer erneuten Eingabe eines Programms vor dem eigentlichen Testlauf die nochmalige Ausgabe der Liste bewirkt und ein Vergleich mit der Dokumentationsliste vorgenommen. Dies sollte erst dann geschehen, wenn sich beim Testlauf ein Fehler herausstellt.

Bei der Ausgabe des Inhalts der Datenspeicher mit der Befehlsfolge INV *List ist darauf zu achten, daß der Inhalt der Arbeitsspeicher, wie Indexregister, Speicher für die Zählvariable usw. vor der Ausgabe gelöscht wird. Dadurch fällt dann an dieser Stelle die ausgebene Null bei späterer Betrachtung der Liste sofort auf. Vor allem wird beim Modell TI-58 bzw. TI-58C ein unnötiges späteres Eingeben einer zum Zeitpunkt der Auflistung rein zufällig in diesem Speicher befindlichen Zahl vermieden. Bei Umarbeitung bzw. Erweiterung des Programms ist aber vorher in der Dokumentation zu klären, ob dieser Datenspeicherplatz nicht schon Bestandteil des alten Programms ist. Wer hinter eine Null eines vergebenen Programmspeichers innerhalb der Konstantenliste konsequenterweise jedesmal ein Ausrufezeichen setzt, erspart sich die Mühe des unnötigen Blätterns in der Dokumentation (siehe hierzu Tabelle 1-17).

2.1.2 Parallelbetrieb (Trace-Modus)

In diesem Modus werden alle vom Rechner innerhalb eines Programms durchgeführten Schritte und Ergebnisse (aktuelle Anzeige im Display) ausgedruckt. Ausgenommen hiervon sind die Software-Programme, soweit sie nicht ausnahmsweise in den Programmspeichern direkt übernommen wurden. Andernfalls werden nur die Eingaben und errechneten Werte ausgegeben. Diese Betriebsart läßt sich am Drucker durch Drücken der Taste TRACE (rastet ein und löst sich erst wieder bei erneutem Betätigen dieser Taste) erreichen. Der Trace-Modus dient vorrangig der Fehlersuche. Unüberlegtes Drücken dieser Taste wirkt sich in einem enormen Verbrauch an Thermopapier aus. Deshalb sollten die nächsten Punkte nacheinander beachtet werden, wenn das Programm fehlerhaft ist:

● Untersuchen ob und an welcher Stelle möglicherweise ein syntaktischer Fehler vorliegt, also solche, die gegen die Regel der Befehlsfolge verstoßen.

Diese sind nicht mit Fehlern in der logischen Struktur zu verwechseln. Syntaktische Fehler lassen sich am einfachsten dadurch finden, daß vor Start des Programms Flag 8 über die Tastatur extern gesetzt wird. Danach darf RST nicht mehr gedrückt werden, weil andernfalls der gesetzte Flag wieder gelöscht wird. Liegt irgendwo ein syntaktischer Fehler vor, hält der Rechner genau um eine PS-Stelle danach an. Die Anzeige blinkt.

● Untersuchen, ob bei Verwenden eines indirekten Befehls die erforderliche Indexvariable sich auch tatsächlich im Indexregister befindet.

Dies läßt sich am einfachsten dadurch feststellen, daß unmittelbar vor dem indirekten Befehl innerhalb des Programms vorübergehend das Setzen des Flag 9 programmiert wird. Flag 9 bewirkt — wie schon im Abschnitt 1.1.6.2 erläutert — den sofortigen Übergang in den Trace-Modus. Dabei ist die Taste TRACE am Drucker nicht eingerastet. Nach indirektem Befehl wird ebenfalls innerhalb des Programms der Löschbefehl für Flag 9 eingebaut. Später werden diese nur der Fehlersuche dienenden Befehle durch *Nop-Befehle oder anderweitig gelöscht.

Zur Demonstration sei noch einmal Programm Segment 1-28[22] herangezogen, das bei Berücksichtigung des vorher gesagten jetzt das Programm Segment 2-1 bildet. Nach der Eingabe der für dieses Programm nötigen Konstanten (Tabelle 1-17) und Start mit R/S R/S arbeitet der Rechner sofort im Trace-Modus (Tabelle 2-1), der nach Ausdruck der Zeile WERT 1. LEITZAHL? mit R/S unterbrochen wird.

Der Druck läßt in diesem angenommenen Fall keinen Fehler erkennen, denn die ersten 3 Druckzeilen zeigten, daß sowohl das richtige Indexregister angesprochen wird (R_{00}) als auch die richtige Indexvariable im ersten Zyklus bereitsteht ($2 \stackrel{\wedge}{=} R_{02}$). Gleiches gilt sinngemäß auch für den indirekten *Op-Befehl (Indexregister *1 = R_{01} und die nachfolgende 4 bedeutet, daß im richtigen Augenblick Op 04 ausgeführt wird). In gleicher Weise bestätigen die übrigen Zeilen die richtige Anwendung der indirekten Programmierung dieses Programmteils, erkennbar auch daran, daß schließlich die erste geforderte Druckzeile richtig gedruckt wird. Falls aber ein Fehler an dieser Stelle vorhanden gewesen wäre, würde er mit dem vorübergehend (mit Flag 9) eingeschalteten Trace-Modus bei kritischer Durchsicht entdeckt werden können. Der gedruckte Stern im Zusammenhang mit einem indirekten Befehl ist hierbei eine große Hilfe.

● Untersuchen, ob die logische Struktur stimmt.

Häufige Fehler treten vor allem in den Abbruchbedingungen auf. So sei zum Beispiel im einfachsten Fall einmal angenommen, daß die auf PSS 006 — 007 stehende 29 als 92 eingegeben wurde. Es wäre kaum wahrscheinlich, diesen Fehler im Trace-Modus zu entdecken. Deshalb wird vor einem unüberlegten Einschalten dieser Taste ausdrücklich gewarnt. Das bedeutet aber keineswegs, die großen Vorteile einer derartigen Überprüfungsmethode zu unterschätzen..

2.1.3 Plotten

Die Steueroperation *Op 07 druckt den derzeitigen Anzeigewert, soweit er im Bereich $0 \leqslant Z < 20$ liegt, in der Druckposition 0 bis 19 aus. An Stelle der aktuellen Zahl im Anzeigeregister wird pro Zeile ein Stern (*) ausgegeben. Dabei ist nur der ganzzahlige Anteil berücksichtigt. Liegt

---

[22] Das Programm Segment 1-28 wurde in dieser Weise getestet und ist ein lohnendes Übungsbeispiel. Aus Platzgründen wurde es aber nicht in dieser Form abgedruckt.

Programmsegment 2—1

```
000   91  R/S
001   22  INV
002   58  FIX
003   01   1
004   42  STO
005   00   00
006   02   2
007   09   9
008   32  X!T
009   69  OP
010   00   00
011   04   4
012   42  STO
013   01   01
014   69  OP
015   20   20
016   86  STF
017   09   09
018   73  RC*
019   00   00
020   84  OP*
021   01   01
022   22  INV
023   86  STF
024   09   09
025   97  DSZ
026   01   01
027   00   00
028   14   14
029   69  OP
030   05   05
031   43  RCL
032   00   00
033   22  INV
034   67  EQ
035   00   00
036   11   11
037   81  RST
038   00   0
039   00   0
```

Tabelle 2—1

```
                  4.        RC*
                            *0
                             2
    461323277!.
    461323277!.             OP*
                            *1
                             4
    461323277!.
    461323277!.            ISTF
                             9
    461323277!.             RC*
                            *0
                             3
       27172437.
       27172437.            OP*
                            *1
                             3
       27172437.
       27172437.           ISTF
                             9
       27172437.            RC*
                            *0
                             4
    3537000240.
    3537000240.             OP*
                            *1
                             2
    3537000240.
    3537000240.            ISTF
                             9
    3537000240.             RC*
                            *0
                             5
        4317.
        4317.               OP*
                            *1
                             1
        4317.
        4317.              ISTF
                             9
      WERT 1. LEITZAHL?
```

ein Anzeigewert oberhalb dieses Bereiches, was in der Praxis sehr häufig vorkommt, so wird der Wert nicht aufgezeichnet und das Programm läuft mit blinkender Anzeige weiter. Dieses Blinken beeinträchtigt zwar nicht die ordnungsgemäße Ausführung der weiteren Befehle, aber in dem Fall, daß ein Wert zwischenzeitlich mit dem Befehl *Prt gedruckt werden soll, wird zusätzlich ein Fragezeichen ausgegeben. Die Steueroperation *Op 07 ist trotz dieser Einschränkung ein Befehl, der die Druckmöglichkeiten erweitert. So realisiert er das Zeichnen von Kurven und Histogrammen.

Bei der Anwendung dieser Operation muß lediglich darauf geachtet werden, daß die in den Programm errechneten Werte in dem vorgegebenen Maßstab vor dem Plotten entsprechend transformiert worden sind. Des weiteren ist das von der Parametergröße abhängige Auflösungsvermögen zu beachten. Es wird umso kleiner, je größer der in einer deratigen Darstellung vorkommende ursprüngliche Wert einer Zahl ist. Hinzu kommen weitere Gesichtspunkte, die ebenfalls nicht unerwähnt bleiben sollen.

Unproblematisch ist ein Plotten scheinbar dann, wenn die Zahlenwerte mit dem vorgegebenen Bereich voll übereinstimmen. Da aber bei der Ausgabe (Plotten) nur der Integerteil — also bei einem Dezimalbruch nur der ganzzahlige Teil — der im Anzeigeregister stehenden Zahl berücksichtigt wird und nicht etwa ihr im Display noch zusätzlich erkennbarer dezimale Positionsbereich, kommt es zu sichtbarer Wertverschiebung. Anders formuliert: die Rundungsautomatik kommt beim Plotten nicht zur Wirkung, auch dann nicht, wenn vorher *Fix 0 programmiert wurde. Das führt beispielsweise dazu, daß die Zahl 5 bei der Ausgabe die gleiche Druckposition auf dem Papierstreifen einnimmt wie 5,99.

Dies läßt sich mit einer Programmanipulation umgehen, die so programmiert werden muß:

*Fix O EE INV EE *Op 07

Erheblich umfangreicher sind schon die zu überwindenden Schwierigkeiten, wenn der größte auftretende Parameter den Wert von 19 nach ausgeführter manipulierter Rundung überschreitet. Falls die größte Zahl, die in einem Programmlauf auftritt, schon vorher bekannt ist bzw. mit hoher Genauigkeit geschätzt werden kann, so läßt sich der Maßstab berechnen und direkt mit in das Programm einbeziehen. Dies ist aber in der Regel nicht der Fall. Um trotzdem alle Werte plotten zu können, ist ein gesondertes Programmsegment notwendig. Bei der Programmierung dieses Programmteils sind diese Gesichtspunkte zu beachten:

- Alle auftretenden Werte müssen zwischengespeichert werden. Reicht die hierzu vorhandene Speicherkapazität nicht aus, sind die vorhandenen Datenspeicherplätze mehrfach zu belegen. Das ist deshalb möglich, weil auf Grund des geringen Auflösungsvermögens es sinnlos ist, Zahlen ab einer bestimmten Größe plotten zu wollen.

- Aus den abgespeicherten Daten ist der größte Zahlenwert herauszufinden — ohne Umsortierung der übrigen Werte — und durch die größte zu plottende Zahl — also der Zahl 19 — zu dividieren. Das Ergebnis ist der Maßstab.

- Für den Fall, daß auch negative Werte auftreten, ist unabhängig von dem vorher gesagten, zusätzlich auch noch der größte negative Wert herauszusortieren. Mit diesem Betrag müssen alle Zahlen vor Ermitteln des Maßstabs addiert werden. Dadurch erhält der ursprünglich größte negative Wert die Druckposition 0.

  Eine andere Möglichkeit besteht darin, die Druckposition 9 dem Wert 0 zuzuordnen (simulierte Nullachse). In diesem Fall muß sowohl ein Maßstab für den größten positiven als auch negativen Wert gefunden werden. Nach Bildung des Betrages (Entfernen des Vorzeichens) ist zwischen beiden der größte auszuwählen und als Maßstab für alle Zahlen einzusetzen.

- Alle gespeicherten Zahlen sind durch diesen Maßstab zu dividieren, am besten direkt auf den einzelnen Speichern.

- Vor dem Plotten ist die manipulierte Rundung durchzuführen.

  Ein Nachteil der *Op 07-Operation besteht darin, daß nur eine einzige Kurve gedruckt werden kann. Vielfach wäre es aber interessant, zwei oder noch weitere Kurven nebeneinander unterscheidbar durch verschiedene Zeichen drucken zu können. In der Literatur[23] werden hierzu die unterschiedlichsten Plottroutinen angeboten.

  Im Abschnitt 3.4.1 wird als Programmsegment 3-2 im Zusammenhang mit einer Sinusschwingung eine weitere Möglichkeit demonstriert.

---

[23] Kahlig, P. Mathematische Routinen der Physik, Chemie und Technik für AOS-Rechner Teil 1. Braunschweig 1979; 2. Auflage

2.1.4 Ausdruck der vier letzten Schriftzeichen (*Op 06)

Mit dem *Op 06 Befehl ist es möglich, gleichzeitig mit dem derzeitigen Wert in der Anzeige bis zu 4 Schriftzeichen im äußeren rechten Viertel der Zeile zu drucken. Es ist wichtig, diese Schriftzeichen vorher in codierter Form mit dem Befehl *Op 04 in das vierte Druckregister zu bringen. Sie bleiben hier solange erhalten, bis erneut mit *Op 04 eingegeben oder mit *Op 00 alle Druckregister gelöscht werden. Bei letztgenanntem Löschbefehl ist es gleichgültig, welcher Wert in der Anzeige steht. Gleichzeitig ist darauf zu achten, daß sowohl bei der Eingabe (*Op 04) als auch bei der Ausgabe eine vorher programmierte Festkommawahl entweder mit INV *Fix oder mit Fix 9 aufgehoben wird.

Beachte: Folgt einmal ausnahmsweise nach dem Bereitstellen der Schriftzeichen mit *Op 04 der Befehl INV * $\bar{x}$, so wird der Inhalt des Druckregisters gelöscht. Diese Besonderheit hängt mit der Rechner-Hierachie zusammen, die bei diesem statistischen Befehl einen internen Speicher benötigt und ihn dabei löscht.

Die Symbole am Rande zum Kennzeichen von bestimmten Werten zu programmieren, bereitet wohl kaum Schwierigkeiten. Weitaus komplizierter ist es dagegen, fortlaufende Zeichen zum Beispiel die Zahlen 0 — 9 oder die Buchstaben A — Z jeweils am Rande Zeile für Zeile auszugeben. Die Schwierigkeiten ergeben sich daraus, daß der Code für die zu druckenden Zeichen leider nicht in jedem Fall ebenfalls fortlaufend ist. So führt die Zuordnung mit Hilfe einer Code-Variablen mit konstanter Erhöhung, beispielsweise mit 1, nicht zum Ziele, da ,,Zahlensprünge" auftreten. Ist es beispielsweise für die Zahl 6 der Code 07, so springt der Code bei der Zahl 7 auf 10.

Für ein später zu erläuterndes Programm ist das Programmsegment 2-2 besonders gut geeignet. In diesem Beispiel wird bewußt nicht indirekt programmiert. Ziel des Programmsegments ist es, die Zahlen 0 — 9 am Rande zu drucken und den hierfür notwendigen Code in der gleichen Zeile zur Demonstration als Zahl (ohne führende Nullen) auszugeben (Tabelle 2-2).

Speicherverteilung:

R_{03} Arbeitsspeicher für Zählvariable des *Dsz-Befehls

R_{09} Arbeitsspeicher für aktuelle Code

Programmbeschreibung: Das Programm beginnt auf PSS 049, weil es anschließend noch durch eine Zusatzvariante ergänzt werden soll. Die Vorbereitung der Arbeitsspeicher erfolgt auf PSS 049 — 057. Dabei wird gleichzeitig in das T-Register eine 9 gebracht, um durch einen T-Register-Vergleich den schon erwähnten Zahlensprung im Code an der richtigen Stelle erkennen zu können.

Da 01 der Code für die Zahl 0 ist, beginnt das eigentliche Programm bei PSS 058. Auf PSS 063 — 066 kommt es zu dem schon erwähnten T-Register-Vergleich aus Gründen der Optimierung in der inversen Form. Da der ,,Zahlensprung" im Code natürlich im ersten Zyklus noch nicht erreicht ist, wird PSS 067 — 070 übersprungen, das vierte Druckregister mit Code 01 geladen (*Op 04) und im nächsten *Op 06 Befehl die erste Zeile ausgegeben. Nun kommt Zyklus für Zyklus, bis schließlich der Code 09 Inhalt von R_{29} geworden ist. Jetzt wird auf PSS 067 — 070 der Code auf 11 erhöht, was der Zahl 8 entspricht[24].

Im Programmsegment 2-4 soll für das soeben besprochene Programmsegment noch eine Möglichkeit für das Programmieren eines Tabellenkopfs vorgestellt werden, das zwar nicht den Befehl *Op 06 benutzt, aber zeigen soll, daß Spaltenüberschriften auch von oben nach unten erfolgen können. Interessant dürfte dabei die gewählte Form der Bereitstellung der Druckkonstanten

---

[24] Es ist wenig bekannt, daß der Code 08 die Zahl 7 und der Code 09 die Zahl 8 ergibt. Denn eigentlich hätte dann auf PSS 052 eine 8 und auf PSS 067 — 068 eine 10 stehen müssen. Auch wäre noch eine andere Variante möglich. Die vorliegende Form wurde deshalb gewählt, um den Leser auf Varianten aufmerksam zu machen, die nicht in der Bedienungsanleitung enthalten sind.

Programmsegment 2— 2

049	00	0	066	71	71
050	42	STO	067	01	1
051	29	29	068	01	1
052	09	9	069	42	STO
053	32	X!T	070	29	29
054	01	1	071	69	OP
055	00	0	072	04	04
056	42	STO	073	69	OP
057	03	03	074	06	06
058	01	1	075	97	DSZ
059	44	SUM	076	03	03
060	29	29	077	00	00
061	43	RCL	078	58	58
062	29	29	079	91	R/S
063	22	INV	080	61	GTO
064	67	EQ	081	00	00
065	00	00	082	49	49

Tabelle 2—2

1.	0
2.	1
3.	2
4.	3
5.	4
6.	5
7.	6
8.	7
11.	8
12.	9

Programmsegment 2—3 zu 2—2 und 2—4

0.I	00
0.I	01
100000000.	02
0.I	03
0.I	04
0.	05
0.	06
0.46132327	27
0.15321617	28
0.I	29
0.	30
0.	31

Programmsegment 2—4

000	69	OP	025	43	RCL
001	00	00	026	02	02
002	04	4	027	95	=
003	42	STO	028	69	OP
004	00	00	029	03	03
005	43	RCL	030	01	1
006	28	28	031	00	0
007	42	STO	032	00	0
008	01	01	033	49	PRD
009	43	RCL	034	04	04
010	27	27	035	43	RCL
011	42	STO	036	04	04
012	04	04	037	69	OP
013	01	1	038	04	04
014	00	0	039	22	INV
015	00	0	040	44	SUM
016	49	PRD	041	04	04
017	01	01	042	69	OP
018	43	RCL	043	05	05
019	01	01	044	97	DSZ
020	59	INT	045	00	00
021	22	INV	046	00	00
022	44	SUM	047	13	13
023	01	01	048	98	ADV
024	65	×	049	00	0
			050	00	0

Tabelle 2—3a und b

C	Z
D	A
D	H
E	L
1.	0
2.	1
3.	2
4.	3
5.	4
6.	5
7.	6
8.	7
11.	8
12.	9

sein, die als Dezimalbrüche abgespeichert sind. Der Vorteil ist aus den Tabellen 2-3a und 2-3b zu ersehen, bei dem das Programmsegment 2-2 ab PSS 049 angehängt werden muß.

Speicherbelegung:

R_{00} Zählvariable für *Dsz-Befehl, Anfangswert entspricht der Anzahl der Buchstaben

R_{01} Arbeitsspeicher für aktuelle Druckkonstanten für Wort CODE

R_{02} 100000000

R_{04} Arbeitsspeicher für aktuelle Druckkonstanten für Wort ZAHL

R_{27} verschlüsselte Druckkonstante in Form von 0,4613227 für das Wort ZAHL

R_{28} verschlüsselte Druckkonstante in Form von 0,15321617 für das Wort CODE

Programmbeschreibung: Im Bereich PSS 000 — 013 geschieht das Vorbereiten des Programms. Danach wird die nur auf R_{01} (Arbeitsspeicher) stehende verschlüsselte Druckkonstante so weit nach links verschoben, daß der erste zweistellige Code (15) vor dem Komma steht und dort schließlich isoliert (*Int-Befehl) ist. Eine anschließende Speichersubtraktion schneidet diesen Code von der verschlüsselten Druckkonstante ab. Die Multiplikation mit dem Inhalt von R_{02} ist deshalb notwendig, damit bei der späteren Ausgabe der Druckspalte mit Alphazeichen (CODE), diese in gleicher Druckposition der numerischen Werte 1; 2; usw. bis 12 stehen (linker Teil des dritten Druckregisters). Dieser Vorgang wiederholt sich in fast gleicher Weise mit der verschlüsselten Druckkonstante auf R_{04} (ab PSS 030). Nur bleibt die ganz rechts stehende Druckposition im vierten Druckblock erhalten, weil im Anschluß an das Drucken der Kopfspalte im Programmsegment 2-2 mit *Op 06 in dieser Position auch die Zahlen 0 — 9 gedruckt werden sollen.

Aus der gewählten Form werden gleichzeitig schon weitere Varianten erkennbar, zum Beispiel in der Form, daß auch die rechte Druckspalte um 1 bis maximal 3 Spalten nach links verschoben werden kann.

Die gewählte Druckform zeigt also, daß Überschriften nicht in jedem Fall Zeile für Zeile kommen müssen. Dabei läßt sich im vorliegenden Fall einer Spaltenüberschrift die Buchstabenanzahl der Kopfspalten ohne Schwierigkeiten auf 6 erhöhen. Hierzu ist lediglich auf PSS 002 die dort stehende 4 durch eine 6 ($\hat{=}$ Zählvariable) zu ersetzen. Die Eingabe einer verschlüsselten, dann aber zwölfstelligen Druckkonstante, erfolgt durch eine Manipulation, die im Falle des Wortes ZAHLEN so in das Anzeigeregister zu bringen ist:

$$31 \div 100 + 17 = \div 100 + 27 = \div 100 + 23 = \div 100 + 13 = \div 100 + 46 = \div 100 =$$

Die Abspeicherung dieser verschlüsselten Druckkonstante, von der in der Anzeige nur .4613232717 zu sehen ist, wird wie üblich mit einem STO-Befehl auf den entsprechenden Datenspeicherplatz gebracht. Bei Ausgabe mit INV *List erscheint auch nur dieser Anzeigenwert.

In der Praxis reicht natürlich der Zahlenbereich von 0 — 9 keineswegs aus. Wie es prinzipiell möglich ist, am rechten Rande auch Zahlen von 00 — 99 zu erreichen, zeigt Programmsegment 2-5. Die Anzahl der hierfür notwendigen PS-Stellen ist natürlich entsprechend höher. Um die Zusammenhänge zwischen Code und Zahlen am Rande sichtbar zu machen, wurde das ursprüngliche Druckbild beibehalten (siehe Tabelle 2-4). An Stelle der Code-Zahl (mittlere Spalte) würde in einem realen Programm ein Parameter stehen. Der Druckcode ist hier aber bewußt mit ausgegeben, um die Sprünge der Code-Zahlen sichtbar zu machen, denn genau an dieser Stelle liegt die Schwierigkeit des fortlaufenden Programmierens von logischen Folgen am Rande des Druckpapiers.

Gewählt wurde ein Einer- und ein Zehnerzyklus, die jeweils über 2 getrennte *Dsz-Schleifen gesteuert werden.

Speicherbelegung:

R_{01} Zählvariable für Zyklus der Einerstellen

R_{02} Zählvariable für Zyklus der Zehnerstellen

R_{27} Arbeitsspeicher für Zehnercode

R_{28} Arbeitsspeicher für Einercode

Programmbeschreibung: Im Bereich PSS 000 — 015 erhalten die Register ihre Ausgangswerte. Da der erste „Zahlensprung" in der Einerstelle bei 9 auftritt, wird im T-Register wiederum zur Ausführung eines Vergleichstests die Zahl 9 gespeichert. Dieser Text erfolgt bei PSS 023 — 026. Liegt

Programmsegment 2—5   **Tabelle 2—4**

000	01	1		036	69	OP	
001	00	0		037	04	04	
002	00	0		038	69	OP	
003	42	STO		039	06	06	
004	27	27		040	97	DSZ	
005	01	1		041	01	01	
006	00	0		042	00	00	
007	42	STO		043	18	18	
008	02	02		044	09	9	
009	00	0		045	00	0	
010	42	STO		046	00	0	
011	28	28		047	32	X!T	
012	01	1		048	01	1	
013	00	0		049	00	0	
014	42	STO		050	00	0	
015	01	01		051	44	SUM	
016	09	9		052	27	27	
017	32	X!T		053	43	RCL	
018	01	1		054	27	27	
019	44	SUM		055	22	INV	
020	28	28		056	67	EQ	
021	43	RCL		057	00	00	
022	28	28		058	64	64	
023	22	INV		059	02	2	
024	67	EQ		060	00	0	
025	00	00		061	00	0	
026	30	30		062	44	SUM	
027	02	2		063	27	27	
028	44	SUM		064	97	DSZ	
029	28	28		065	02	02	
030	43	RCL		066	00	00	
031	28	28		067	09	09	
032	85	+		068	98	ADV	
033	43	RCL		069	91	R/S	
034	27	27		070	81	RST	
035	95	=		071	00	0	
				072	00	0	

Tabelle 2—4

101.	00
102.	01
103.	02
104.	03
105.	04
106.	05
107.	06
108.	07
111.	08
112.	09
201.	10
202.	11
.	
.	
.	
.	
.	
.	
808.	77
811.	78
812.	79
1101.	80
1102.	81
1103.	82
1104.	83
1105.	84
1106.	85
1107.	86
1108.	87
1111.	88
1112.	89
1201.	90
1202.	91
1203.	92
1204.	93
1205.	94
1206.	95
1207.	96
1208.	97
1211.	98
1212.	99

ein „Zahlensprung" in der Einerstelle vor, wird im Gegensatz zum vorherigen Programmsegment der Code auf R_{11} durch eine Speicheraddition mit 2 auf 11 erhöht (PSS 027 — 029).

Da der Code 01 in jedem Fall als 0 interpretiert wird (nicht als Leerstelle), kann in dem inneren Zyklus (Ansprung PSS 018) jedesmal der Anfangscode aus R_{27} (er beträgt in dieser Situation 100) zu dem Einercode addiert werden und die Summe in dem vierten Druckregister gespeichert, und da der Code noch in der Anzeige steht, mit *Op 06 ausgegeben werden (PSS 030 — 039). Ist in der Einerstelle die 9 erreicht, kommt es zu einem Abbruch des *Dsz 1 Zyklus. Vorsorglich wird jetzt im T-Register für den bei 900 zu erwartenden „Zahlensprung" des Zehnercode die Zahl 900 abgespeichert und gleichzeitig der Code in R_{27} um 100 erhöht (PSS 048 — 052). Da in dieser Situation der „Zahlensprung" noch nicht erreicht sein kann, wird der auf PSS 055 — 058 stehende T-Register-Vergleichstest in der inversen Form mit ja beantwortet und dadurch letztenendes die Erreichung des „Neunhundert-Zahlensprunges" verneint. Ebenfalls sind in dieser Situation die vorgesehenen 10 Zyklen für die Zehnerstelle der auszugebenden Zahl in der rechten Spalte (*Dsz — 2) noch nicht erreicht. Deshalb erfolgt der Rücksprung zur PSS 009. Der jetzt neunmal zu durchlaufende Einerzyklus hat insofern eine Änderung erfahren, daß vor dem Code der Einerstelle nicht mehr die Zahl 1 sondern die Zahl 2 in hunderter Position steht. Dies entspricht dem Code für die rechts zu druckende Zahl 10 − 19.

Ist schließlich der Code 900 erreicht, wird dieser auf PSS 059 − 063 um 300 erhöht. Die Summe von 1201 ist der Code für die Zahl 90. Ist schließlich die Zeile mit dem Code 1212 und der Zahl 99 erreicht, wird das Programm abgebrochen.

Sollen, wie ursprünglich geplant, diese rechts zu druckenden Zahlen von 00 − 99 mit entsprechenden Parametern in einer Zeile gemeinsam ausgegeben werden, so muß die eigentliche Berechnung zwischen den Befehlen *Op 04 und *Op 06 geschehen. Zweckmäßig wäre es, an dieser Stelle einen Unterprogrammsprung-Befehl einzubauen.

Sollen nur bestimmte Zahlen aus dem großen Bereich der Möglichkeiten so erfaßt werden, müssen zusätzlich noch die Anfangswerte eine entsprechende Änderung erfahren.

Eine Erweiterung des Zahlenbereichs von 000 − 999 mit *Op 06 ist ebenfalls möglich, benötigt aber einen dreifach in sich verschachtelten Zyklus.

Recht verwickelt wird die Problematik, wenn die Buchstaben fortlaufend in ihrer natürlichen Reihenfolge des Alphabets mit *Op 06 am Rande zur Kennzeichnung von Daten gedruckt werden sollen. Nicht nur, daß im Code an verschiedenen Stellen „Zahlensprünge" auftreten, ihre Differenz ist zusätzlich noch unterschiedlich

von E zu F, Code springt von 16 auf 21 ≙ Differenz = 5
von L zu M, Code springt von 27 auf 30 ≙ Differenz = 3
von T zu U, Code springt von 37 auf 41 ≙ Differenz = 4

Programmsegment 2−6 zeigt eine Lösungsvariante, die mit einem indirekten *x=t Test und einer indirekten Speichersubtraktion realisiert wurde. Sie ermöglicht den Abbruch des Programms, nicht über einen *Dsz-Befehl zu vollziehen. Zum besseren Verständnis der nächsten Ausführungen wird auf Tabelle 2−5 verwiesen.

Entsprechend dem soeben gesagten ergeben sich 4 Komplexe von Buchstaben, innerhalb derer sich die natürliche Folge jeweils durch Erhöhung des Codes um 1 erreichen läßt.

erster   Komplex A bis E ≙ Code 13 bis 17 ≙ Buchstabenanzahl = 5
zweiter Komplex F bis L ≙ Code 21 bis 27 ≙ Buchstabenanzahl = 7
dritter Komplex M bis T ≙ Code 30 bis 37 ≙ Buchstabenanzahl = 8
vierter Komplex U bis Z ≙ Code 41 bis 46 ≙ Buchstabenanzahl = 6

Aus der unterschiedlichen Buchstabenanzahl der einzelnen Komplexe wird über den Umweg der Bildung einer verschlüsselten Zählvariablen, die auf R_{02} in Form von 0,5786 zur Bearbeitung bereitsteht, 4 Zyklen mit unterschiedlicher Zyklenzahl (entspricht der Buchstabenanzahl) gesteuert. Besonders interessant dürfte auf PSS 059 − 065 der indirekte *x=t Test sein, denn bei Erreichen des Buchstaben L wird im Indexregister R_{04} die Sprungadresse 〉012〈 (erste Adresse) in 〉081〈 (zweite Adresse) geändert. Diese Änderung sichert letztenendes nach Abarbeitung des dritten und vierten Buchstabenkomplexes − also nach Ausgabe der Buchstaben Z − den Abbruch des Programms. Speicherbelegung:

R_{00} Ablenkregister für indirekte Speichersubtraktion (Leerlaufregister)

R_{01} Zählvariable für *Dsz-Befehl, Anfangswert ändert sich im Programm zyklisch (!) und ist nacheinander eine 5; 7; 8 und eine 6

R_{02} Arbeitsspeicher für verschlüsselte Konstante, Anfangswert beträgt 0,5786

R_{03} aktueller Code für zu druckende Buchstaben

```
000   00    0          063   00    0
001   42   STO         064   08    8
002   00    00         065   01    1
003   00    0          066   42   STO
004   02    2          067   04    04
005   05    5          068   01    1
006   42   STO         069   22   INV
007   04    04         070   74   SM*
008   01    1          071   05    05
009   02    2          072   00    0
010   42   STO         073   42   STO
011   03    03         074   05    05
012   93    .          075   04    4
013   05    5          076   00    0
014   07    7          077   32   X:T
015   08    8          078   61   GTO
016   06    6          079   00    00
017   42   STO         080   25    25
018   02    02         081   91   R/S
019   03    3          082   81   RST
020   00    0          083   00    0
021   32   X:T         084   00    0
022   03    3
023   42   STO
024   05    05
025   01    1
026   00    0
027   49   PRD
028   02    02
029   43   RCL
030   02    02
031   59   INT
032   22   INV
033   44   SUM
034   02    02
035   42   STO
036   01    01
037   01    1
038   44   SUM
039   03    03
040   43   RCL
041   03    03
042   69   OP
043   04    04
044   68   NOP
045   68   NOP
046   68   NOP
047   69   OP
048   06    06
049   97   DSZ
050   01    01
051   00    00
052   37    37
053   68   NOP
054   03    3
055   44   SUM
056   03    03
057   43   RCL
058   03    03
059   22   INV
060   67   EQ
061   40   IND
062   04    04
```

Tabelle 2—5

13.	A
14.	B
15.	C
16.	D
17.	E
21.	F
22.	G
23.	H
24.	I
25.	J
26.	K
27.	L
30.	M
31.	N
32.	O
33.	P
34.	Q
35.	R
36.	S
37.	T
41.	U
42.	V
43.	W
44.	X
45.	Y
46.	Z

R_{04} Indexregister für $*x = t$ Test. Die Indexvariable wechselt im Programmlauf von 12 auf 81
$\rangle012\langle$ und $\rangle081\langle$)

R_{05} Indexregister für indirekte Speichersubtraktion

Die soeben genannten Werte auf den Datenspeicherplätzen werden automatisch vom Programm bereitgestellt. Der Start erfolgt mit R/S. An Stelle des dreimaligen *Nop-Befehls auf PSS 044 – 046 wird später in Form eines Unterprogrammsprungs die eigentliche Berechnung ausgeführt, deren Ergebnis mit den Buchstaben A – Z gekennzeichnet werden soll. Der Befehl RCL 03 (PSS 040 – 041) und der *Op 04-Befehl dürfen nicht gelöscht werden.

Auf eine weitere Erläuterung des Programmsegment 2–6 sei bewußt einmal verzichtet, weil alle vorkommenden Programmelemente in irgendeiner Weise schon in vorangegangenen Abschnitten behandelt wurden. Somit kann die weitere Analyse zur Kontrolle des eigenen Wissenstandes dienen.

2.3 Dialog zwischen Rechner und Bediener

Schon an anderer Stelle wurde auf diese Möglichkeit hingewiesen, die den Komfort eines Programms erheblich erhöht. Da aber für einen Dialog relativ viel Speicherkapazität — sei es nun in Form von PS-Stellen oder Datenspeicherplätzen — erforderlich ist, sind die gegebenen Möglichkeiten vorrangig von der Programmlänge und von der Speicherkapazität des Rechnertyps abhängig.

2.3.1 Prinzipielle Dialogvarianten

Es sei noch einmal daran erinnert, daß zum Drucken eines alphanumerischen Textes dies mit den Befehlen *Op 00 — *Op 05 entweder direkt oder indirekt ausgeführt werden kann. Hierzu ist in jedem Fall vorher zumindest ein Druckregister mit einem Code zu laden. Nur dann, wenn alle 4 Druckregister geladen sind, ist ein vorheriges Löschen nicht nötig, weil hier die gleichen Gesetzmäßigkeiten wirksam werden wie bei einem STO-Befehl. Im übrigen wird auf die Bedienungsanleitung verwiesen, die diesen Druckvorgang und die Codierung einer Textzeile sehr ausführlich behandelt.

Hier stehen ausschließlich die prinzipiellen Möglichkeiten eines Dialogs im Vordergrund.

Die einfachste Form besteht darin, daß der Rechner den Bediener auffordert, eine oder mehrere Operationen und danach den erneuten Start (zum Beispiel mit R/S oder über ein Label) auszuführen. Dies könnte so lauten:

LOESCHE R00 – R18!

Das Ausrufezeichen im Drucktext oder/und eine blinkende Zahl im Display kann vereinbarungsgemäß diesen Dialog verwechslungssicher gegenüber anderen Möglichkeiten „markieren". Ein solcher Dialog besitzt den großen Vorteil, daß der Programmieraufwand sehr gering ist, meistens ist es auch möglich, Speicherkapazität einzusparen. Für die Bedienung wird aber Sachkenntnis vorausgesetzt und ist somit für einen Sachunkundigen nicht geeignet.

Ohne jeden Zweifel komfortabler ist die Realisierung eines echten Dialogs. Er erfordert einen höheren Speicherplatzbedarf und einen zusätzlichen Programmieraufwand. Hier ist es zweckmäßig, den Dialog in Form einer Frage führen zu lassen. Als Beispiel möge folgende vom Rechner gedruckte Frage dienen:

ANZAHL DER ELEMENTE ?[26]

Das Fragezeichen kann als Zeichen dafür interpretiert werden, daß der Rechner auf die Eingabe eines Wertes wartet. Nach geschehener Eingabe und Drücken der Start-Taste (zweckmäßigerweise so

---

[26] Zum Beispiel bei Anwendung des Standard-Software-Modul-Elektronik (Programm EE-14). Mit Element sind elektronische Bauelemente gemeint.

programmieren, daß mit R/S gestartet werden kann) hat es sich bewährt, diesen Wert vom Rechner durch Ausdruck quittieren zu lassen. Die Abspeicherung auf den entsprechenden Datenspeicherplatz wird mittels der nächsten Befehle vom Rechner ausgeführt, also gewissermaßen automatisch und vor allem irrtumssicher. Fehler könnten lediglich bei der Eingabe der vom Rechner abgeforderten Werte eintreten. Durch den nachfolgenden Ausdruck läßt sich dies aber jederzeit — auch zu einem späteren Zeitpunkt — kontrollieren.

Der für diese Form eines Dialogs nötige Programmieraufwand ist bei einer einzigen Frage gering, kommen aber in dieser Weise weitere Fragen, so können enorme Probleme entstehen, ganz besonders dann, wenn unter dem Gesichtspunkt eines möglichst sparsamen Verbrauchs an Speicherkapazität indirekt programmiert wird. Dies wurde schon im Abschnitt 1.2.1.1 eingehend diskutiert. Dem zweifelsfreien Nachteil steht der Vorteil gegenüber. daß auch eine nur grob eingewiesene Hilfskraft fast irrtumssicher diesen Dialog führen kann.

Bei der indirekten Programmierung eines Dialogs mit anschließendem Ausdruck einer Tabellenüberschrift läßt es sich nicht immer vermeiden, daß der Rechner Zeile für Zeile hält und erneut — ohne Eingabe von Werten — gestartet werden muß. Es sei denn, dieser Teil wird unabhängig vom vorherigen Teil programmiert. Falls dies aber aus Gründen der Einsparung an Speicherkapazität in einem Komplex geschieht, hat es sich bewährt — neben dem Verzicht der Ausgabe eines Fragezeichens — im Display eine Null erscheinen zu lassen. Gewissermaßen symbolisch zu interpretieren: „mache nichts, was im Display eine Änderung bewirkt, sondern starte nur''.

Programme, die so aufgebaut sind, benötigen nur einen Mindestaufwand an Programmdokumentation. Ein Vorteil, der nicht zu unterschätzen ist, vor allem dann, wenn eine größere Programmbibliothek vorliegt.

2.3.2 Die praktische Realisierung eines Dialogs

Für das Anwenden der ersten Form spricht ohne Zweifel der in der Regel geringere Speicherbedarf und die Möglichkeit, fortlaufend — also ohne Rücksprünge — zu schreiben. Dadurch entstehen relativ lange lineare Programme, die bei oberflächlicher Betrachtung für einen Fremden wieder einen simplen Eindruck machen und zusätzlich noch durch die Vielzahl der Codezahlen unübersichtlich wirken. Beide Argumente sind aber nur dann stichhaltig, wenn nachweislich mit den vorhandenen Programmspeicherstellen unökonomisch umgegangen wird und dadurch möglicherweise die weitere Verarbeitung von Parametern in einem neu zu ladenden Programm resultiert.

An dieser Stelle wird wiederum deutlich, daß Programmoptimierung und Fragen des Programmierstils zwei völlig voneinander unabhängige Problemkreise darstellen. Denn ohne jeden Zweifel erzwingt die Unterbringung der Druckkonstanten auf Datenspeicherplätzen kompaktere und in sich geschlossenere Programme. Dadurch sind gleichzeitig Möglichkeiten zur indirekten Programmierung gegeben. Hinzu kommt, daß sich der Text relativ bequem gegen einen anderen Text auswechseln läßt, wenn die Anzahl der Dialogfragen nicht verändert werden muß.

Als typisches Beispiel soll der schon im Abschnitt 1.2.1.1 erläuterte Tabellenkopf jetzt in Form einer echten Korrespondenz (Programmsegment 2—7) programmiert werden. Hierbei sei zum besseren Verständnis ausdrücklich auch auf die Tabellen 1—16 und 1—17 verwiesen. Bei der nachfolgenden Betrachtung geht es aber ausschließlich um die Abspeicherung der per Hand eingegebenen Daten, also um den Vorgang, der sich nach der ausgedruckten Frage abspielt (Antwort des Bedieners und sichere Abspeicherung). Das neue Programmsegment 2—7 enthält in etwas umgestalteter Form das alte Programmsegment 1—28.

Der wichtigste Vorgang besteht darin, zwischen den Datenspeicheradressen der jeweiligen Druckkonstanten (Fragen des Rechners) und den Adressen der abzuspeichernden Werte (Antworten des Bedieners) einen in sich geschlossenen logischen Zusammenhang zu finden. Dies kann durch eine auf den ersten Blick kompliziert erscheinende Transformierung der Adresse der letzten Druck-

Programmsegment 2—7

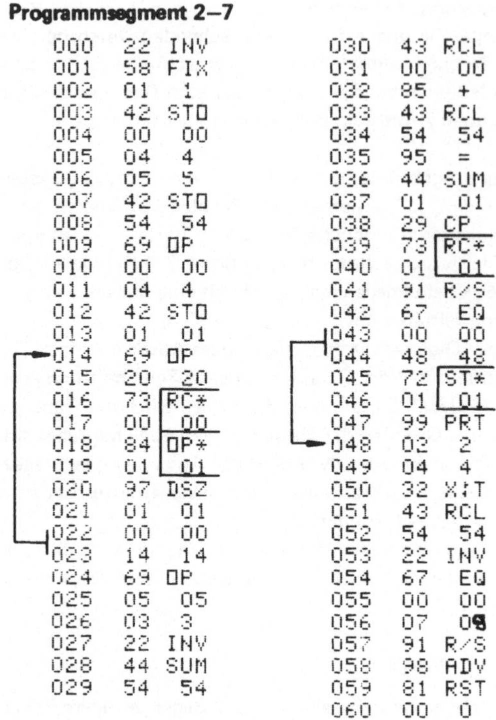

```
000   22 INV        030   43 RCL
001   58 FIX        031   00  00
002   01  1         032   85  +
003   42 STO        033   43 RCL
004   00  00        034   54  54
005   04  4         035   95  =
006   05  5         036   44 SUM
007   42 STO        037   01  01
008   54  54        038   29 CP
009   69 OP         039   73 RC*
010   00  00        040   01  01
011   04  4         041   91 R/S
012   42 STO        042   67 EQ
013   01  01        043   00  00
014   69 OP         044   48  48
015   20  20        045   72 ST*
016   73 RC*        046   01  01
017   00  00        047   99 PRT
018   84 OP*        048   02  2
019   01  01        049   04  4
020   97 DSZ        050   32 X:T
021   01  01        051   43 RCL
022   00  00        052   54  54
023   14  14        053   22 INV
024   69 OP         054   67 EQ
025   05  05        055   00  00
026   03  3         056   07  08
027   22 INV        057   91 R/S
028   44 SUM        058   98 ADV
029   54  54        059   81 RST
                    060   00  0
```

konstante einer Zeile erfolgen. Wobei zu beachten ist, daß der Transformierungsalgorithmus mindestens 2 Bedingungen erfüllt:

- Er muß für alle Druckzeilen einheitlich gelten
- Die ermittelten Adressen für die abzuspeichernden Werte (Antwort) müssen fortlaufend sein.

Im Programmsegment 2—7 wird in jedem Fall von der letzten Adresse ausgegangen, auf der sich die vierte Druckkonstante befindet ($K_{D4} \triangleq R_{05}$). Zur eindeutigen Kennzeichnung dieser Adresse soll das Symbol R_{DL} gewählt werden (letztes Druckregister). Das Finden des weiteren Algorithmus ist von der bisherigen Belegung der übrigen Datenspeicherplätze abhängig. Falls die erste Antwort (symbolische Darstellung AW_1 = erster eingegebener Wert nach erster Frage) auf R_{47} abgespeichert werden soll, ergibt sich der Algorithmus so:

$$R_{DL}\ (R_{05}) = 5 + 3 \cdot 14 = 47 \triangleq R_{47} \triangleq AW_1$$

Hierbei handelt es sich um einen relativ komplizierten Algorithmus. Dieser ist von der gewählten Datenspeicherzuordnung abhängig.

$$R_{DL}\ (R_{09}) \triangleq \ \ 9 + 3 \cdot 13 = 48 \triangleq R_{48} \triangleq AW_2$$
$$R_{DL}\ (R_{13}) \triangleq 13 + 3 \cdot 12 = 49 \triangleq R_{49} \triangleq AW_3$$
$$R_{DL}\ (R_{17}) \triangleq 17 + 3 \cdot 11 = 50 \triangleq R_{50} \triangleq AW_4$$
$$R_{DL}\ (R_{21}) \triangleq 21 + 3 \cdot 10 = 51 \triangleq R_{51} \triangleq AW_5$$
$$R_{DL}\ (R_{25}) \triangleq 25 + 3 \cdot \ 9 = 52 \triangleq R_{52} \triangleq AW_6$$
$$R_{DL}\ (R_{29}) \triangleq 29 + 3 \cdot \ 8 = 53 \triangleq R_{53} \triangleq AW_7$$

Bei oberflächlicher Betrachtung könnte der Eindruck entstehen, als sei die erste gestellte Forderung für das Aufstellen eines Transformierungsalgorithmus nicht erfüllt. Dies ist aber nur scheinbar so, denn die jeweiligen Produkte aus der Multiplikation ergeben absteigend von $3 \cdot 14$ beginnend jeweils eine Differenz von 3. Diese Gesetzmäßigkeit läßt sich Zeile für Zeile ausgehend vom Anfangswert 45 (auf PSS 005 — 006) durch Speichersubtraktion mit der Zahl 3 (PSS 026 — 029) erreichen.

Beachte: Für eine andere Speicherverteilung muß ein anderer Transformierungsalgorithmus gefunden werden, der R_{DL} in AW zeilenweise richtig umwandelt.

Speicherverteilung:

R_{54}[27] Arbeitsspeicher zum Aufbau der Adressen für Antwortwerte, Anfangswert = 45

R_{00} zusätzlich noch zur Aufbewahrung der aktuellen R_{DL}

R_{01} zusätzlich noch als Indexregister

$R_{47} - R_{53}$ Werte, die als Antwort abgespeichert werden ($AW_1 - AW_7$)

Programmbeschreibung: PSS 000 — 025 stimmt im wesentlichen Ablauf mit dem Programmsegment 1—28 überein. Auf PSS 005 — 008 wird der Anfangswert für R_{54} bereitgestellt. Ebenfalls wurde die Vorbereitung der Abbruchbedingung ($\langle R_T \rangle := 29$) in etwas veränderter Form an das Ende des Programmsegments gebracht. Die Gründe hierfür ergeben sich aus dem jetzigen logischen Ablauf.

Ab PSS 026 beginnt die Verschachtelung zwischen gestellter Frage und sicherer Abspeicherung der Antworten auf den richtigen Datenspeicherplatz.

Das beginnt damit, daß nach Druck einer Frage intern der Wert von R_{54} (Anfangswert = 45) um 3 vermindert wird. Hier wird die Anfangsbedingung des Transformierungsalgorithmus erfüllt, denn $42 := 3 \cdot 14$. Da auf R_{00} in dieser Situation der R_{DL}/Wert = 5 beträgt, ergibt sich nach Ausführung der vorangegangenen Operation auf PSS 035 die Summe von 47 (AW_1). Dieser Parameter kann bedenkenlos mit dem Inhalt von R_{01} addiert werden (PSS 036 — 037), weil der Speicher — der ursprünglich die Zählvariable für den *Dsz-Befehl enthielt — jetzt auf Null steht. Von diesem Augenblick an wird R_{01} vorübergehend als Indexregister benutzt. Dadurch läßt sich der eventuell schon auf R_{47} vorhandene Wert indirekt aufrufen und steht bei Halt (PSS 041) in der Anzeige. Aber auch die Abspeicherung der Antwort geschieht indirekt mit dem Indexregister R_{01}.

Das Löschen des T-Registers und der dann etwas später kommende T-Register-Vergleichstest sichert, daß auch mit diesem Programmteil die nicht mehr zur Korrespondenz gehörende Überschrift der Tabelle gedruckt werden kann.

Nach dem Druck der ersten Frage und Quittierung der   **Tabelle 2—6**
Antwort durch den Rechner geschieht der Rücksprung bei
PSS 053 — 056 auf PSS 069. Nun wird die zweite Frage gedruckt und gleichzeitig der Inhalt von R_{54} und 42 auf 39 vermindert. Dies entspricht dem Produkt aus $3 \cdot 13$. In dieser Weise läuft der gesamte weitere Vorgang ab (siehe Tabelle 2—6), bis die Abbruchbedingung erfüllt ist. Diese ist im Prinzip auf PSS 048 — 049 vorprogrammiert, und zwar in Form der Vergleichszahl 24, die sich letztenendes als Produkt aus $3 \cdot 8$ ergibt und in dieser Weise verschlüsselt werden mußte.

---

[27] Die vorliegende Speicherverteilung wurde gewählt, um im nächsten Abschnitt dieses Programm noch erweitern zu können.

Oder anders formuliert: die Abbruchbedingung ist im Programm dann gegeben, wenn die siebte
Zeile gedruckt ist, denn in diesem Fall muß nach dem Transformierungsalgorithmus der Inhalt von
$R_{54} = 24$ sein ($3 \cdot 8 = 24$).

An dieser Stelle läßt sich das Dialogprogramm auch anderen Bedingungen anpassen. Stände
auf PSS 048 — 049 beispielsweise eine 30, würden nur 5 Fragen gedruckt, denn $3 \cdot 10 = 30$. Im letztgenannten Beispiel könnten die Datenspeicher R_{22} — R_{29} anderweitig belegt werden und R_{52} und
R_{53} wären frei.

Die Variablilität dieses Programms liegt aber auch darin begründet, daß wahlweise die Tabellenüberschrift (letzte und vorletzte Druckzeile) sich in eine Frage umgestalten läßt. Die Speicherplätze für die Antwort sind schon reserviert. Umgekehrt könnte die letzte Frage noch mit in die
Tabellenüberschrift einbezogen werden.

Durch eine kleine Veränderung läßt sich dieses Dialogprogramm auch auf den TI-58/58C
nachvollziehen. Hierzu sind lediglich einige kleine Änderungen im Programm erforderlich. Vorher
muß aber die Speicherbereichsverteilung mit der Operation INV *Fix 4 *Op 17 umgestellt werden.
In diesem Bereich stehen noch 160 Programmspeicherstellen zur Verfügung.
Beachte: Bei TI-58C bleibt diese Einstellung solange erhalten, bis eine neue vorgenommen wird.
Abschalten oder die Befehle *CP bzw. *CM$_s$ ändern daran nichts.

Da an Stelle von R_{54} der Datenspeicherplatz R_{37} die gleiche Funktion übernimmt, müssen
die Adressen auf PSS 008, 029, 034 und 052 geändert werden.

Durch den umgearbeiteten Transformierungsalgorithmus — auf den hier nicht näher eingegangen werden soll — ändern sich die Anfangszahl in R_{37} (28 auf PSS 005 — 006) und die Endbedingung auf PSS 048 — 049. Ihre Werte ergeben sich aus der gewünschten Zeilenanzahl (Fragen
und/oder Tabellenkopf)

7 Zeilen alphanumerischen Text $\hat{=}$ 07
6 Zeilen alphanumerischen Text $\hat{=}$ 10
5 Zeilen alphanumerischen Text $\hat{=}$ 13   usw.

Die übrige Belegung der Datenspeicherplätze für den Code des alphanumerischen Textes und ihre
Zuordnung zu den Zeilen bleibt voll erhalten. Somit kann die Tabelle 1—17 zur Demonstration
voll übernommen werden. Lediglich die Antworten in Form von Parametern befinden sich jetzt in
den Datenspeichern von R_{30} beginnend (Antwort auf erste Frage) bis R_{36}. Dies bedeutet, daß für
ein anzuschließendes Programm nur noch R_{37} und R_{39} frei sind.

2.4 Erzeugen von verschiedenen Druckbildern

Wie schon eingehend erläutert, besteht normalerweise beim Drucken nur die Möglichkeit, mit
dem *Op Befehl eine Kennzeichnung der Parameter vorzunehmen. Da aber über die Befehle
*Op 01 — 04 vier getrennte Druckregister auch mit numerischen Zeichen — allerdings nur in codier-
ter Form — geladen werden können, ist es prinzipiell möglich, mit Hilfe eines speziellen Druckpro-
gramms eine größere Vielfalt von Druckbildern zu erzeugen. Dabei sei aber nicht verschwiegen, daß
dieses Programm einen enorm großen Speicherbedarf hat und deshalb seine Anwendung nur für den
TI—59 möglich ist. In Verbindung mit dem Dialogprogramm ergeben sich aber dann recht interessante Aspekte.

2.4.1 Der Vierspaltendruck von Zahlen

Programmsegment 2—8 zeigt einen Vierspaltendruck von Zahlen. Dieses als Unterprogramm
realisierte Programmsegment funktioniert nur innerhalb eines Hauptprogramms. Für die Demonstration seiner Wirkungsweise ist ein sogenanntes Hilfsprogramm (Programmsegment 2—9) nötig. Die

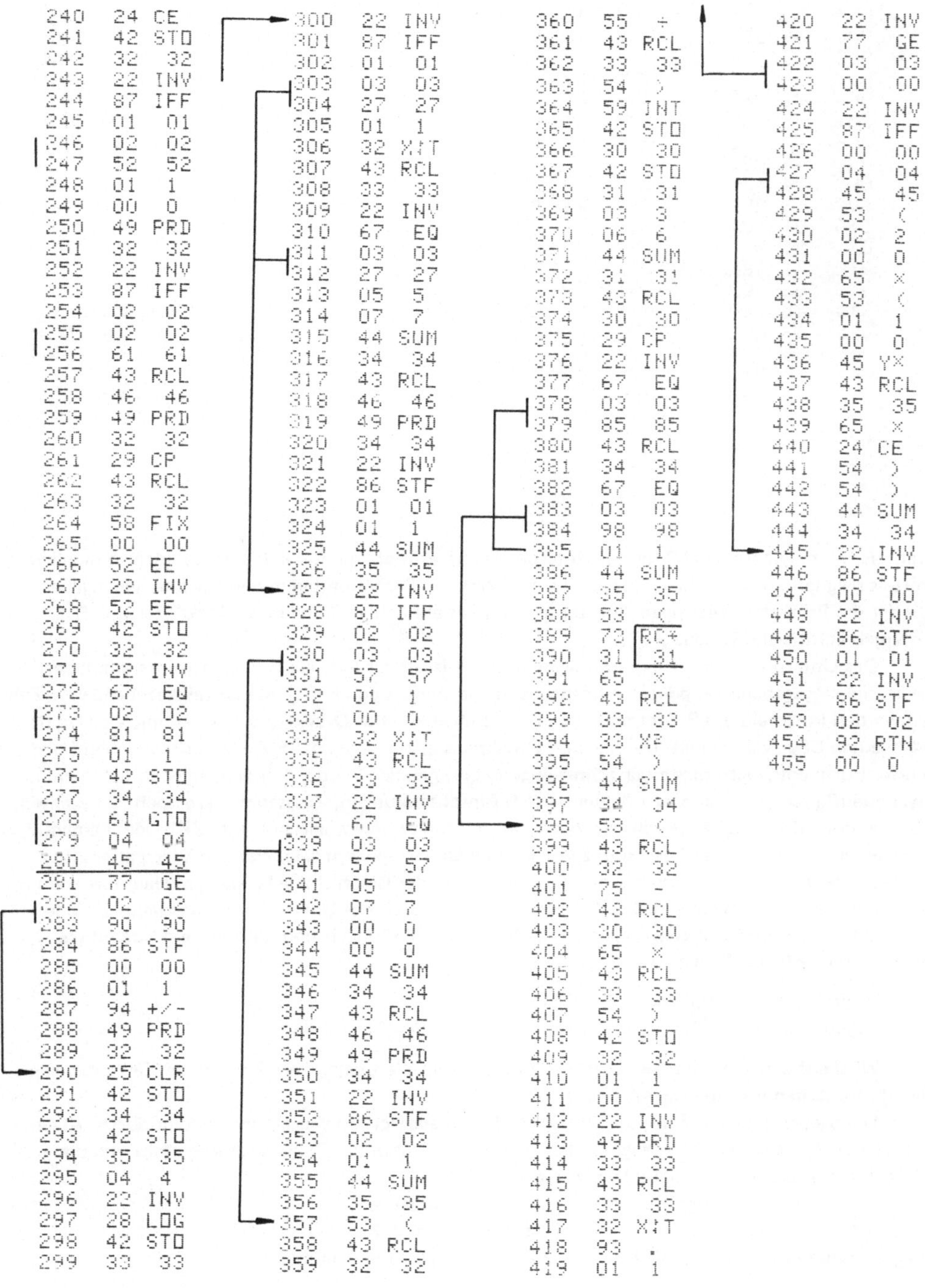

240	24	CE	300	22	INV	360	55	÷	420	22	INV
241	42	STO	301	87	IFF	361	43	RCL	421	77	GE
242	32	32	302	01	01	362	33	33	422	03	03
243	22	INV	303	03	03	363	54	)	423	00	00
244	87	IFF	304	27	27	364	59	INT	424	22	INV
245	01	01	305	01	1	365	42	STO	425	87	IFF
246	02	02	306	32	XIT	366	30	30	426	00	00
247	52	52	307	43	RCL	367	42	STO	427	04	04
248	01	1	308	33	33	368	31	31	428	45	45
249	00	0	309	22	INV	369	03	3	429	53	(
250	49	PRD	310	67	EQ	370	06	6	430	02	2
251	32	32	311	03	03	371	44	SUM	431	00	0
252	22	INV	312	27	27	372	31	31	432	65	×
253	87	IFF	313	05	5	373	43	RCL	433	53	(
254	02	02	314	07	7	374	30	30	434	01	1
255	02	02	315	44	SUM	375	29	CP	435	00	0
256	61	61	316	34	34	376	22	INV	436	45	YX
257	43	RCL	317	43	RCL	377	67	EQ	437	43	RCL
258	46	46	318	46	46	378	03	03	438	35	35
259	49	PRD	319	49	PRD	379	85	85	439	65	×
260	32	32	320	34	34	380	43	RCL	440	24	CE
261	29	CP	321	22	INV	381	34	34	441	54	)
262	43	RCL	322	86	STF	382	67	EQ	442	54	)
263	32	32	323	01	01	383	03	03	443	44	SUM
264	58	FIX	324	01	1	384	98	98	444	34	34
265	00	00	325	44	SUM	385	01	1	445	22	INV
266	52	EE	326	35	35	386	44	SUM	446	86	STF
267	22	INV	327	22	INV	387	35	35	447	00	00
268	52	EE	328	87	IFF	388	53	(	448	22	INV
269	42	STO	329	02	02	389	73	RC*	449	86	STF
270	32	32	330	03	03	390	31	31	450	01	01
271	22	INV	331	57	57	391	65	×	451	22	INV
272	67	EQ	332	01	1	392	43	RCL	452	86	STF
273	02	02	333	00	0	393	33	33	453	02	02
274	81	81	334	32	XIT	394	33	X²	454	92	RTN
275	01	1	335	43	RCL	395	54	)	455	00	0
276	42	STO	336	33	33	396	44	SUM			
277	34	34	337	22	INV	397	34	34			
278	61	GTO	338	67	EQ	398	53	(			
279	04	04	339	03	03	399	43	RCL			
280	45	45	340	57	57	400	32	32			
281	77	GE	341	05	5	401	75	-			
282	02	02	342	07	7	402	43	RCL			
283	90	90	343	00	0	403	30	30			
284	86	STF	344	00	0	404	65	×			
285	00	00	345	44	SUM	405	43	RCL			
286	01	1	346	34	34	406	33	33			
287	94	+/-	347	43	RCL	407	54	)			
288	49	PRD	348	46	46	408	42	STO			
289	32	32	349	49	PRD	409	32	32			
290	25	CLR	350	34	34	410	01	1			
291	42	STO	351	22	INV	411	00	0			
292	34	34	352	86	STF	412	22	INV			
293	42	STO	353	02	02	413	49	PRD			
294	35	35	354	01	1	414	33	33			
295	04	4	355	44	SUM	415	43	RCL			
296	22	INV	356	35	35	416	33	33			
297	28	LOG	357	53	(	417	32	XIT			
298	42	STO	358	43	RCL	418	93	.			
299	33	33	359	32	32	419	01	1			

Programmsegment 2—9

000	25	CLR		022	40	40
001	69	OP		023	43	RCL
002	00	00		024	34	34
003	91	R/S		025	69	OP
004	71	SBR		026	03	03
005	02	02		027	91	R/S
006	40	40		028	71	SBR
007	43	RCL		029	02	02
008	34	34		030	40	40
009	69	OP		031	43	RCL
010	01	01		032	34	34
011	91	R/S		033	69	OP
012	71	SBR		034	04	04
013	02	02		035	69	OP
014	40	40		036	05	05
015	43	RCL		037	61	GTO
016	34	34		038	00	00
017	69	OP		039	00	00
018	02	02		040	00	0
019	91	R/S		041	00	0
020	71	SBR		042	00	0
021	02	02		043	00	0

Tabelle 2—7

0.|	30
0.|	31
0.|	32
0.|	33
0.|	34
0.	35
1.	36
2.	37
3.	38
4.	39
5.	40
6.	41
7.	42
10.	43
11.	44
12.	45
100.	46
0.	47
0.	48

Wahl der Anfangsadresse 240 für das Unterprogramm erfolgte nicht zufällig, ist es doch so möglich, mittels Magnetkarte auf Block 2 es jederzeit als fertigen Programmteil in den Rechner einzugeben. Die für das Programm wichtigen Konstanten sind aus ähnlichen Gründen in Block 3 ($R_{30} - R_{46}$) untergebracht (siehe Tabelle 2—7).

Das Unterprogramm (Programmsegment 2—7) ist im Grunde ein Codierungsprogramm, das heißt, die eingegebenen — oder vor Ansprung in das Unterprogramm in der Anzeige stehenden — Zahlen werden innerhalb des Programmlaufs für die Eingabe in das Druckregister 1 — 4 mittels *Op 01 — 04 in einen Code verwandelt. Da in einem Druckregister nur maximal 5 Zahlen oder Zeichen (in codierter Form entspricht dies einer zehnstelligen Zahl) geladen werden können, ergeben sich hieraus zwangsläufig für den erfaßbaren Zahlenbereich Einschränkungen. Zusätzlich wäre noch zu beachten, daß zwischen den Blöcken jeweils ein Leerraum frei bleibt, der wiederum einer Ziffer oder einem Zeichen entspricht. Dieser Leerraum zwischen den Druckregistern zeigt erst den Vierspaltendruck deutlich, denn nach der automatischen Codierung und der Befehlsfolge beginnt im Hauptprogramm das Laden der 4 verschiedenen Druckregister mit dem durch das Unterprogramm erzeugten Code.

Daraus ergeben sich zwangsläufig Einschränkungen. Möglich sind nur mit dem Codierungsprogramm erfaßbare Zahlenbereiche

positive Zahl $\quad 0{,}01 \leqslant Z \leqslant 9999$
negative Zahl $\quad -0{,}01 \leqslant Z \leqslant -999$

Wird auf den Freiraum zwischen den Spalten kein Wert gelegt, erhöht sich der Zahlenbereich für alle Varianten um eine Dezimalstelle.

Die Steuerung einer Zahl, die als Dezimalbruch ausgegeben werden soll, erfolgt durch Setzen von Flag außerhalb des Unterprogramms. Vor dem Sprung in das Codierungsprogramm sind diese Flags durch entsprechende Befehle zu setzen.

Kein Flag gesetzt ergibt Druck mit oder ohne Vorzeichen
Flag 1 gesetzt ergibt Druck mit Komma (1 Zahl hinter dem Komma)
Flag 2 gesetzt ergibt Druck mit Komma (2 Zahlen hinter dem Komma).

Das Programm ist gegen das gemeinsame Setzen von Flag 1 und 2 — was ja auch sinnwidrig wäre —
nicht abgesichert. Die Rundung wird entsprechend den Rundungsregeln des Rechners durchgeführt.
Die Löschung der Flags geschieht beim Durchlaufen des Codierungsprogramms automatisch. Das
bedeutet, daß bei erneutem Ansprung das Setzen der notwendigen Flags nicht vergessen werden
darf.

Nach Verlassen des Unterprogramms steht der Druckcode in R_{34} (Scheindruckregister). Deshalb ist nach Rücksprung aus dem Unterprogramm der Befehl RCL 34 und ein anschließender *Op-
Befehl (01, 02, 03 oder 04) erforderlich. Dadurch ergeben sich auch Möglichkeiten für einen versetzten Druck.

Um die nächste Programmerläuterung besser verstehen zu können, sollen noch die Eingabe
des Hilfsprogramms (Programmsegment 2—9), des Codierungsprogramms (Programmsegment 2—8)
und der Konstanten (entsprechend der Tabelle 2—7) als Probelauf ausgeführt werden. Dabei ist so
zu verfahren:
R/S nach Halt in der Anzeige 0; Eingabe: 9999 R/S (Laufzeit jedesmal ungefähr 15 Sekunden). Nach
Halt in der Anzeige 12121212; Eingabe: 888 +/— R/S. Nach Halt in der Anzeige 20111111; Eingabe:
*St Flg 1 77.7 R/S. Nach Halt in der Anzeige 10105710; Eingabe: *St Flg 2 .66 +/— R/S.
Der nun kommende Ausdruck ist aus Tabelle 2—8 zu ersehen.

Speicherbelegung:

Tabelle 2—8

R_{30} aktuelle isolierte Ziffer

9999 -883 77.7 -.66

R_{31} Indexregister

R_{32} aktuelle Zahl ohne Komma. Anfangs der eingegebene Wert, später dann die schrittweise abge-
baute Zahl.

R_{33} Am Anfang 10000. Zahl wird dann schrittweise um je eine Dezimalstelle abgebaut. Bereitstellung durch das Programm.

R_{34} sogenanntes „Scheindruckregister" (SDR). Hier wird schrittweise der Druckcode aufgebaut

R_{35} Zahlen für Ziffernanzahl, auch als Zähler für eventuelles negatives Vorzeichen

$R_{36} — R_{45}$ Druckcode für die Zahlen 0 — 9

R_{46} Konstante 100

Programmbeschreibung (Codierungsprogramm):
Im Bereich von PSS 243 — 263 wird überprüft, ob eventuell mit einer oder zwei Stellen hinter dem
Komma gedruckt werden soll. Je nach der getroffenen Entscheidung wird die eingegebene Zahl entweder auf R_{32} mit 10 oder mit 100 multipliziert. Unmittelbar danach ist auf Null Stellen hinter
dem Komma zu runden und zwar mit der schon früher beschriebenen Programmanipulation (PSS
262 — 270), um dann alle eventuell hinter dem Komma vorhandenen Stellen abzuschneiden. Es
folgt nun die Überprüfung, ob die jetzt noch auf R_{32} stehende Zahl eine Null ist. Im Bejahungsfall wird der dieser Zahl entsprechende Code — nämlich 01 — auf SDR abgespeichert und der Programmlauf beendet. Falls diese Situation nicht vorliegt, wird geprüft, ob der Wert negativ ist. Im
Bejahungsfall Flag 0 setzen und Vorzeichen des Inhalts von R_{32} beseitigen (bis PSS 289). Bis PSS 300
werden R_{34} (SDR) und R_{35} auf Null gestellt und anschließend für R_{33} die notwendige Ausgangszahl
erzeugt (10000).

Die eigentliche Umcodierung erfolgt in dem Zyklus zwischen PSS 300 — 423, wobei der Bereich PSS 300 — 357 noch eine Sonderaufgabe zu erfüllen hat, nämlich die richtige Position des
eventuell zu setzenden Kommas zu suchen und falls gefunden in den hierfür gültigen Code 57 bzw.
5700 auf SDR unterzubringen.

Wohl kaum Schwierigkeiten bereitet die Analyse des Abschnittes ab PSS 358. Denn hier wird
Ziffer für Ziffer isoliert und nach der Addition mit 36 (entspricht der Anfangsadresse der Datenspeicher; ab da sind die zuzuordnenden Codes untergebracht) ist somit die Verwandlung in eine In-

dexvariable geschehen. Beispielsweise wird aus der isolierten Ziffer 7 die Indexvariable 43. Nachdem nun noch untersucht ist (ab PSS 375), ob auch nicht etwa in dieser Situation eine führende Null vorliegt — denn die Ziffer Null ist ja innerhalb einer Zahl zugelassen und wird ordnungsgemäß codiert — erfolgt der indirekte Aufruf des Codes, der für die zur Zeit isolierte Ziffer Gültigkeit besitzt. Gleichzeitig beachtet das Programm, daß der Code im SDR die Einer- und Zehnerposition einnimmt (PSS 385 — 397). Ab PSS 399 kommt es zur Abtrennung der isolierten Ziffer, die an vorderster Stelle steht. Um im weiteren Ablauf diesen Vorgang sicher steuern zu können, wird die ursprüngliche Zahl 10000 auf R_{33} um jeweils eine Positionsstelle abgebaut. Die hierfür gewählte Abbruchbedingung ist auf PSS 415 — 423 untergebracht.

Nach Abbruch des Zyklus wird für den Fall, daß die Zahl ursprünglich negativ war (Flag 0 ist dann automatisch zum früheren Zeitpunkt gesetzt), noch vor dem komplexen Code der zweistellige Code für das negative Vorzeichen ($\hat{=}$ 20) gesetzt (PSS 429 — 444).

Sehr überzeugend veranschaulicht die Tabelle 2 — 9 die Möglichkeiten, die sich aus der Anwendung des Vierspaltendrucks ergeben. Der Drucker benötigt zwischen Ausdruck der Tabelle — einschließlich der Ausführung der Korrespondenz — ungefähr 21 Minuten. Das Berechnungsprogramm soll hier nicht Gegenstand einer weitergehenden Betrachtung sein. Berechnungsgrundlage ist die im Abschnitt 1.1.3.1 angegebene Leitzahlformel. Die Auszugsverlängerung Z wird Zeile für Zeile zyklisch um jeweils 10 mm vermindert und liefert bei Erreichen des Wertes 0 die automatische Abbruchbedingung. K ist der errechnete Blendenwert und in den beiden weiteren Spalten wird die Entfernung der zweiten Blitzlampe in Zentimeter angegeben, wobei noch zwischen einem Beleuchtungskontrast von 1:2 und 1:4 gewählt werden kann. Durch die während der Ausführung des Dialogs eingegebenen Werte paßt sich das Programm den verschiedensten Bedingungen an, die sich letztenendes aus der vorhandenen fotografischen Ausrüstung ergibt.

Falls der gegebene Zahlenbereich nicht reicht, läßt sich auch ein Zweispaltendruck realisieren. Dabei wird die größere Zahl getrennt und durch den unmittelbaren Übergang von Druckregister zu Druckregister wieder automatisch zusammengefügt. Dies läßt sich auch schon mit dem Hilfsprogramm und dem Codierungsprogramm demonstrieren. Beispiel: R/S 6 R/S. Nach Halt 66666 R/S. Dann folgt 77 R/S und danach 77777 R/S. Gedruckt wird in einer Zeile 666666 7777777. Dieses Beispiel kann auch auf einen negativen Wert und drucken eines Dezimalbruches ausgedehnt werden.

Tabelle 2—9

```
    WERT  1  LEITZAHL?
           14.
    WERT  2  LEITZAHL?
           47.
    BRENNWEITE  IN  MM?
          110.
    WERT P.VERHAELTNIS?
          1.05
 KORREKTUR WERT  IN  MM?
          190.
ENTFERNUNG
   1:4    1:2       K     Z'
    19     26      51    170
    19     27      51    160
    20     29      50    150
    21     30      50    140
    22     32      49    130
    24     33      49    120
    25     36      48    110
    27     38      47    100
    29     41      45     90
    32     45      43     80
    36     51      41     70
    41     57      38     60
    47     67      35     50
    57     81      30     40
    74    105      25     30
   108    153      19     20
   210    297      10     10
```

2.4.2 Der versetzte Druck

Durch das Codierungsprogramm (Programmsegment 2—8) gelingt es, auch einen sogenannten
versetzten Druck zu realisieren. Dies ist deshalb möglich, weil der *Op-Befehl zum Laden der Druckregister 1 — 4 außerhalb des Unterprogramms erfolgt. Dadurch können die codierten Parameter
nach einem bestimmten logischen Zusammenhang entweder in der

- Druckposition 0 — 4 (äußeres linkes Viertel der Zeile)
- Druckposition 5 — 9 (inneres linkes Viertel der Zeile)
- Druckposition 10 — 14 (inneres rechtes Viertel der Zeile)
- Druckposition 15 — 19 (äußeres rechtes Viertel der Zeile)

mit *Op 01 — 04 geladen und mit *Op 05 ausgegeben werden.

Die Tabelle 2—10, dessen umfangreiches Programm aus Platzgründen hier nicht weiter erläutert werden kann, ist ein anschauliches Beispiel für die Möglichkeiten, die sich aus einem versetzten
Druck ergeben.

Tabelle 2—10

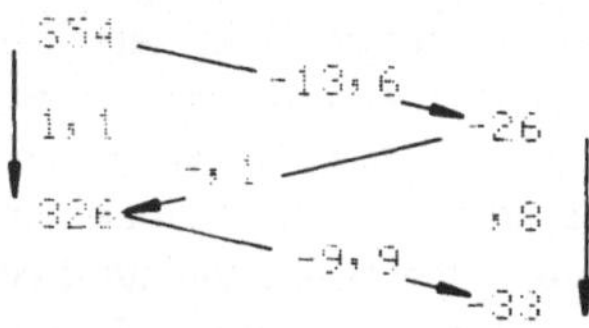

Eine Interpretation der Tabelle ist jetzt in dieser Form durch die Übersichtlichkeit relativ einfach. Die ganzzahligen Parameter sind Aktivitätszeiten (in Sekunden) eines Tieres, wie sie in der Ver-
haltenswissenschaft für eine Sequenzanalyse gewonnen wurden, wobei das Vorzeichen gleichzeitig
die Aktivitätsrichtung angibt. Bei der Division der aufeinanderfolgenden Zeiten ergeben sich Quotien-
ten, dargestellt in der Tabelle als Dezimalbruch, deren Wertgrößen quantitative und letztenendes
auch qualitative Aussagen über den Verhaltensablauf zulassen.

3 Einfügen von Programmen aus Solid-State-Software-Steckmoduln

Im nachfolgenden Abschnitt werden die Grundkenntnisse über die ungeahnten Möglichkeiten, die das Einsetzen von Software-Steck-Moduln bieten, im wesentlichen als bekannt vorausgesetzt. Es gibt für bestimmte Aufgaben verschiedene Module, deren wesentliches gemeinsames Merkmal darin besteht, daß die Speicherkapazität in gewisser Weise um jeweils 5000 Programmschritte erweitert wird und daß die in ihnen enthaltenen Programme sich jederzeit abrufen lassen.

3.1 Prinzipielle Gesichtspunkte

Jedes Modul läßt sich nicht nur in gleicher Weise in den Rechner einsetzen bzw. gegen ein anderes auswechseln, sondern erlaubt auch die Einbeziehung der in ihm fest verdrahteten Programme mit ganz speziellen Lösungsvarianten in ein Hauptprogramm. Hierbei treten bei den Benutzern oft gewisse Probleme auf, weil zu sehr von der zum Modul gelieferten Beschreibung ausgegangen wird. Diese berücksichtigt ausschließlich den externen Zugriff — also ohne Einbau eines oder mehrerer Software Programme in ein größeres Programm. Aus diesem Grund soll nur diese Seite der erweiterten Programmierung im Mittelpunkt der nächsten Ausführung stehen. Ein Mangel besteht darin, daß die Beschreibung für einige Module vorerst nur in englischer Sprache vorhanden ist. Der Fremdsprachen-Unkundige hat hier zusätzliche Barrieren zu überwinden. Oft ist ihm die Bedeutung der sogenannten „Datenbasis-Einleitung" und die mit ihnen gegebenen zusätzlichen Möglichkeiten nicht voll bewußt. Hier sollte mehr experimentiert werden, denn vielfach wird dabei ein bestimmter Datenspeicherbereich auf Null gestellt. So sind manchmal programmaufwendige Löschprogramme in vielen Fällen überflüssig.

Bei Benutzung von verschiedenen Solid-State-Software-Steckmoduln ist es zweckmäßig, sich vor Programmbeginn davon zu überzeugen, ob auch das „richtige Modul" sich im Rechner befindet. Hierzu ist prinzipiell nur folgende Operation auszuführen: *Pgm 01 SBR 2nd R/S (dieses Symbol bedeutet für TI-59 „Write"). Bei angeschlossenem Drucker kommt es zum Ausdruck der Kennzeichnung des Moduls, ohne Drucker zur Anzeige der Nummer im Display.

Sehr viele Software Programme sind so organisiert, daß die Ergebnisse bei angeschlossenem Thermodrucker automatisch ausgegeben werden. Kenntlich an dem Zeichen in der Spalte Anzeige. In derartigen Fällen lassen sich die im vorherigen Abschnitt beschriebenen Druckverfahren nicht anwenden. Manchmal sind aber auch Alternativen angeboten, die die errechneten Werte lediglich im Display anzeigen. Dabei wird es dann oft notwendig sein, eine andere Maßeinheit zu wählen, zum Beispiel an Stelle von Farad die Einheit Mikrofarad bei Angabe der Speicherkapazität eines Kondensators.

Vor der Einschränkung in Bezug auf besondere Formen des Druckbildes nicht betroffen ist die vorherige Ausführung eines Dialogs. Diese bringt auch hier verschiedene Vorteile. Die wichtigsten sind:

- Vermeiden von unnötigem Suchen in dem „Programm-Instruktionen", die in der Programmsammlung bzw. Bedienungsanleitung für das Modul enthalten sind.

- Das Auftreten von Irrtümern bei der Eingabe wird auf ein Mindestmaß reduziert bzw. läßt sich jederzeit nach ausgeführter Operation kontrollieren.

● Das Druckbild — auch bei automatischer Ausgabe der Ergebnisse — ist zu einem späteren Zeitpunkt besser zu interpretieren, weil ja die Ausgangsdaten mit enthalten sind. Zusätzlich macht es insgesamt gesehen einen gefälligeren Eindruck.

Wie schon eingehend erläutert, benötigt ein echter Dialog viel Speicherkapazität. Diese ist in den meisten Fällen vorhanden, weil ja das Hauptprogramm oft nur die Verknüpfung zwischen den einzelnen Software-Programmen vorzunehmen hat. Die aufwendige Berechnung geschieht außerhalb des Programmspeichers.

3.2 Besonderheiten durch belegte Datenspeicher

Im Anhang einer jeden Beschreibung befindet sich eine Übersicht, welche Datenspeicherplätze ein bestimmtes Software-Programm in Anspruch nimmt. Dies bedeutet für die Programmierung eines Hauptprogramms bestehend aus einzelnen Programmsegmenten, auf diese Besonderheiten zu achten. Vielfach wird es dann notwendig, bestimmte Programmsegmente einer entsprechenden Korrektur zu unterziehen, die ohne jeden Zweifel immer sehr zeitaufwendig ist. Das Anfertigen einer genauen Übersicht über die Speicherverteilung ist dabei unabdingbar. Da Software-Programm vielfach mehrere Teilprogramme enthält, von denen oft nur ein ganz bestimmtes in das Hauptprogramm genommen wird, ist zu beachten, daß sich die Angaben über benutzte Datenspeicherplätze auf alle Teilprogramme bezieht. Es lohnt also in jedem Fall, vorher durch einen simulierten externen Ablauf des benötigten Teilprogramms — Beispiele hierfür finden sich in der Anleitung in großer Zahl — exakt zu ermitteln, welche Datenspeicherplätze nun tatsächlich ausgenutzt werden. Diese Übersicht läßt sich am einfachsten dadurch erhalten, wenn vor einer externen Ausführung diese Speicherplätze mit einer 1 belegt werden. Falls dies zu falschen Ergebnissen führt — denn die Einleitung löscht meist den gesamten Bereich — müssen die Werte auf diesen Speicherplätzen auf Veränderung kontrolliert werden.

3.3 Der Einbau eines Software-Modul-Programms

Der Einbau eines Software-Modul-Programms in ein Hauptprogramm oder in ein Programmsegment bereitet prinzipiell keine Schwierigkeiten, wenn beim Learn-Modus 4 Punkte beachtet werden:

● Vor Aufruf des Modulprogramms muß sich der hierfür benötigte Parameter im Anzeigeregister befinden.

● Nach Eingabe des Befehls *Pgm soll unmittelbar danach die zweistellige Nummer (zum Beispiel für eine 9 eine 09) des zu benutzenden Programms eingegeben werden.

● Unmittelbar danach folgt die entsprechende Programmadresstaste oder ein allgemeines Label entsprechend der Vorschrift der Programminstruktionen.

● Kommen innerhalb eines Programms einmal zwei oder weitere Labels unmittelbar hintereinander, so muß in jedem Fall vor jedem Label mit dem Befehl *Pgm anschließend die zugehörige Nummer aufgerufen werden.

Gerade die Nichtbeachtung der letztgenannten Programmiervorschrift ist häufig der Grund für ein fehlerhaft laufendes Programm. Die Ursache für diesen Fehler liegt sicher darin begründet, daß im Rechenmodus ein einziger Aufruf eines Software-Programms ausreicht, um beliebig viele definierte Label dieses Programms folgen zu lassen.

Ein Befehl der Form *Pgm xx Label ist also im Grunde mit einem Unterprogrammaufruf und nachfolgendem Sprung vergleichbar. Der Unterschied besteht lediglich darin, daß sich das Unterprogramm im Modul befindet. Nach Abarbeitung kommt automatisch der Rücksprung ins Hauptprogramm. Das Ergebnis befindet sich im Anzeigeregister.

Die zu beachtende Besonderheit bringt aber auch Vorteile, denn dadurch ist es möglich, Programmsegmente innerhalb des Hauptprogramms mit den gleichen Label zu markieren, wie sie im selben Programm auch beim Aufruf eines Software-Programms auftreten. Ja es ist sogar möglich, diese Befehlsfolge zu realisieren:

*Pgm 12 E E

So wird zum Beispiel im Standard-Software-Modul (Master 1) mit *Pgm 12 E innerhalb einer Dreiecksberechnung die Seite c aufgerufen. Mit der nächsten Programmadresstaste E erfolgt ein Sprung in das Programmsegment E des Hauptprogramms.

Die soeben erläuterten Programmiervorschriften eines Software Programms sollen an einem Spielprogramm (Programmsegment 3–1) erläutert werden. Im Rechner befindet sich das Standard-Software-Modul (Master 1). Vorerst die Spielregeln.

Das Spielprogramm sorgt dafür, daß in $R_{15} - R_{39}$ rein zufällig 10 Fische versteckt werden. Hierzu ist lediglich bei Spielbeginn eine Zahl im Bereich $0 \leqslant Z \leqslant 199017$ einzutasten und durch den externen Befehl RST und mit dem Drücken der Taste R/S den Start zu geben. Nach ungefähr 1 Minute zeigt der Rechner eine Null an, das heißt, das Spiel kann beginnen. Um die Übersicht nicht zu verlieren, ist eine Schablone entsprechend der Anordnung der Tafel 3-1 vorher anzufertigen und mit Transparentpapier abzudecken. Jetzt können die Zahlen dieser Felder wahlweise nacheinander in den Rechner eingetastet und mit R/S gestartet werden. Falls sich an der gewählten Stelle, beispielsweise 27, kein Fisch befand, wird eine Null angezeigt. Ist aber in dem Feld ein Fisch, zeigt der Rechner dies durch mehrmaliges Blinken der Zahl 9.999999 99 an (symbolisch: „er" zappelt an der Angel). Unmittelbar danach erscheint im Display die Anzahl der schon aus dem Teich geangelten Fische. Die erneute Eingabe einer Feldzahl muß nun kommen. Dabei dient das Tafelfeld zur Markierung der bereits „gefangenen Fische" und den Fehlversuchen, bis schließlich der zehnte Fisch gefangen ist. In diesem Fall wird die Anzahl der Versuche angezeigt und für den Spieler notiert.

Das neue Spiel beginnt wiederum mit R/S, bis nach ungefähr 1 Minute die Null im Display das Startzeichen gibt. Gewonnen hat derjenige, der mit der geringsten Anzahl von Versuchen alle 10 Fische geangelt hat.

Speicherbelegung:

Entsprechend der Anweisung für das Software-Programm 15 (Zufallsgenerator) werden die Speicherplätze $R_{01} - R_{11}$ belegt. Die Analyse ergibt aber, daß für die in dem Spielprogramm angesprungenen Programmadresstasten R_{08} frei bleibt. Auf R_{07} ist nach entsprechendem Aufruf die Zufallszahl gespeichert. Dementsprechend sind folgende Datenspeicher von Interesse und werden so ausgenutzt:

R_{00} Indexregister für Löschoperationen, Zählvariable für Anzahl der Fische
R_{07} Zyklisch erzeugte Zufallszahl (Software-Programm)
R_{08} Zählvariable für *Dsz-Befehl
R_{12} Zähler für gefangene Fische
R_{13} Zähler für Anzahl der „Angelversuche"
R_{14} nicht belegt
$R_{15} - R_{39}$ symbolische Felder eines „Fischteiches"

Werden die Rechner TI-58 oder TI-58C benutzt, ist eine Speicherbereichsverteilung nach folgender Vorschrift vorzunehmen:

INV *Fix 4 *Op 17

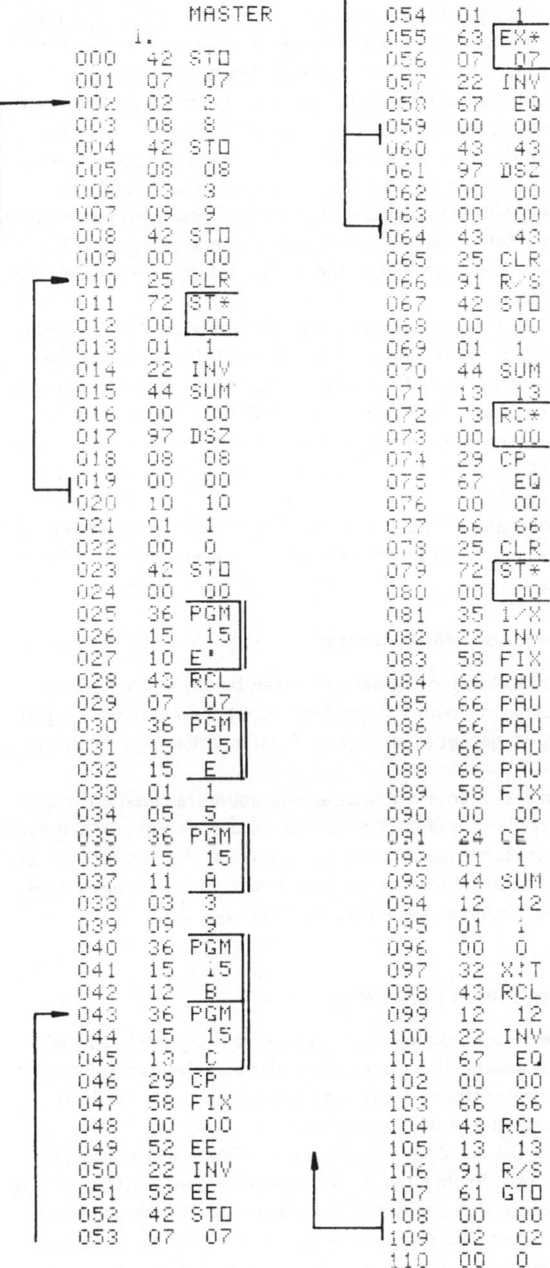

```
                MASTER
            1.
000    42  STO
001    07   07
002    02   2
003    08   8
004    42  STO
005    08   08
006    03   3
007    09   9
008    42  STO
009    00   00
010    25  CLR
011    72  ST*
012    00   00
013    01   1
014    22  INV
015    44  SUM
016    00   00
017    97  DSZ
018    08   08
019    00   00
020    10   10
021    01   1
022    00   0
023    42  STO
024    00   00
025    36  PGM
026    15   15
027    10  E'
028    43  RCL
029    07   07
030    36  PGM
031    15   15
032    15  E
033    01   1
034    05   5
035    36  PGM
036    15   15
037    11  A
038    03   3
039    09   9
040    36  PGM
041    15   15
042    12  B
043    36  PGM
044    15   15
045    13  C
046    29  CP
047    58  FIX
048    00   00
049    52  EE
050    22  INV
051    52  EE
052    42  STO
053    07   07
```

```
054    01   1
055    63  EX*
056    07   07
057    22  INV
058    67  EQ
059    00   00
060    43   43
061    97  DSZ
062    00   00
063    00   00
064    43   43
065    25  CLR
066    91  R/S
067    42  STO
068    00   00
069    01   1
070    44  SUM
071    13   13
072    73  RC*
073    00   00
074    29  CP
075    67  EQ
076    00   00
077    66   66
078    25  CLR
079    72  ST*
080    00   00
081    35  1/X
082    22  INV
083    58  FIX
084    66  PAU
085    66  PAU
086    66  PAU
087    66  PAU
088    66  PAU
089    58  FIX
090    00   00
091    24  CE
092    01   1
093    44  SUM
094    12   12
095    01   1
096    00   0
097    32  X:T
098    43  RCL
099    12   12
100    22  INV
101    67  EQ
102    00   00
103    66   66
104    43  RCL
105    13   13
106    91  R/S
107    61  GTO
108    00   00
109    02   02
110    00   0
111    00   0
```

15	16	17	18	19
20	21	22	23	24
25	26	27	28	29
30	31	32	33	34
35	36	37	38	39

Programmbeschreibung:

Im Bereich PSS 010 — 020 geschieht die indirekte Löschung der Datenspeicher R_{39} — R_{12}. Danach wird die Zählvariable für die Fischanzahl bereitgestellt. Mit *Pgm 15 E' kommt es zur automatischen Löschung von R_{01} — R_{06}. Der Befehl RCL 07 sichert die eingegebene Anfangszahl, später die letzte im Spiel erzeugte Zufallszahl. Dadurch wird ein „Mogeln" beim Spiel vermieden. *Pgm 15 E sorgt dafür, daß diese Zahl zum Bereitstellen einer neuen Zufallszahl dem Software-Programm zur Verfügung steht. Danach wird die untere Grenze (15 $\hat{=} R_{15}$) und die obere Grenze (39 $\hat{=} R_{39}$) der zu erzeugenden Zufallszahl festgelegt (Größe des „Fischteiches"). Auf PSS 043 folgt die Befehlskombination für eine Zufallszahl im vorgegebenen Bereich. Diese wird automatisch auf R_{07} abgespeichert und danach durch die Befehle auf PSS 047 — 053 in eine Integer-Zahl und gleichzeitig in eine Indexvariable verwandelt. Dieser Vorgang mindert die Gefahr, daß die Zahl 39 mit hoher Wahrscheinlichkeit nur selten auftritt.

Bei der Erzeugung von Zufallszahlen kann es vorkommen, daß bestimmte Zahlen mehrmals erscheinen. Dies würde bedeuten, daß sich nicht immer genau 10 Fische im Teich befinden. Um dies zu vermeiden, erfolgt der indirekte Registeraustausch, und falls schon eine 1 abgespeichert ist — also diese Zahl schon erzeugt wurde — vorzeitiger Rücksprung nach PSS 043. Der weitere Programmteil bedarf wohl keiner Erläuterung mehr. Besonders erwähnt sei lediglich die Tatsache, daß mit PSS 078 — 080 der geangelte Fisch auch tatsächlich aus dem „Zahlenfach" entfernt wird. Es hat also keinen Sinn, dort noch einmal zu angeln.

Programmsegment 3-1 zeigt sicher überzeugend die Leistungsfähigkeit eines so relativ kurzen Programms, die durch konsequente Anwendung der indirekten Programmierung und Einbeziehung eines Software-Programms ermöglicht wird.

3.4 Ausbaumöglichkeiten mit anderen Software-Moduln

Bekanntlich gibt es eine Vielzahl von Modulen, die jeweils für einen bestimmten Anwendungszweck konzipiert sind und dem Benutzer in jedem Fall großen zusätzlichen Nutzen bringen. Da der Ein- und Ausstieg immer gleichartig ist, genügt es, in diesem Zusammenhang lediglich auf die Programminstruktionen zu verweisen.

Hier soll nur bewiesen werden, daß sich der Komfort eines an sich schon fertigen Software-Programms unter Umständen noch weiter verbessern läßt. Oft kann es sogar vorkommen, daß der eigentliche Programmaufruf in einem sehr großen Programm kaum noch unter der Vielzahl der Befehle des Hauptprogramms mit seinen eigenen Unterprogrammen wiederzufinden ist. Dabei muß aber beachtet werden, daß viele Programme mit einem derartigen Komfort sich ohne Software-Module nicht realisieren ließen.

3.4.1 Komfortable Ausgabe der berechneten Parameter

Dabei sei davon ausgegangen, daß die Berechnung durch ein Software-Programm geschieht und daß das eigentliche Hauptprogramm die anschauliche Darstellung der berechneten Werte übernimmt. Dies sei am Programmsegment 3-2 demonstriert. Hierbei handelt es sich um eine Plottroutine, wobei mehrere Schwingungen gleichzeitig gedruckt werden.

Die Demonstration erfolgt am Beispiel der zur Zeit viel diskutierten Theorie vom Biorythmus des Menschen. Aus der Tatsache, daß dieser Sachverhalt in der Darstellung als Hintergrund gewählt wurde, kann der Leser nicht ableiten, daß sich der Autor mit der hypothetischen Aussage des Biorythmus in irgendeiner Weise identifiziert. Der Wert des Programms besteht darin, daß ein Interessierter eigene Beobachtungen anstellen kann und daß sich des weiteren damit Sinusschwingungen mit unterschiedlicher Amplitude gleichzeitig darstellen lassen.

Programmsegment 3—2

```
            MASTER
         1.
000  76  LBL      058  07  07      118  00  00      178  06  6       239  95  =
001  11  A        059  55  ÷       119  52  EE       179  32  X:T     240  92  RTN
002  58  FIX      060  03  3       120  22  INV      180  43  RCL     241  76  LBL
003  04  04       061  95  =       121  52  EE       181  08  08      242  16  A'
004  99  PRT      062  71  SBR     122  59  INT      182  77  GE      243  25  CLR
005  36  PGM      063  17  B'      123  42  STO      183  02  02      244  32  X:T
006  20  20       064  01  1       124  08  08      184  00  00      245  73  RC*
007  11  A        065  06  6       125  25  CLR      185  01  1       246  09  09
008  91  R/S      066  42  STO     126  32  X:T      186  08  8       247  22  INV
009  76  LBL      067  09  09      127  43  RCL      187  42  STO     248  67  EQ
010  12  B        068  05  5       128  08  08      188  09  09      249  02  02
011  99  PRT      069  42  STO     129  67  EQ       189  01  1       250  58  58
012  36  PGM      070  03  03      130  02  02      190  00  0       251  43  RCL
013  20  20       071  01  1       131  08  08      191  44  SUM     252  04  04
014  12  B        072  42  STO     132  77  GE       192  08  08      253  74  SM*
015  36  PGM      073  06  06      133  01  01      193  73  RC*     254  09  09
016  20  20       074  68  NOP     134  78  78       194  08  08      255  61  GTO
017  13  C        075  73  RC*     135  01  1       195  42  STO     256  02  02
018  58  FIX      076  09  09      136  94  +/-      196  08  08      257  99  99
019  02  02       077  84  OP*     137  49  PRD      197  61  GTO     258  55  ÷
020  42  STO      078  06  06      138  08  08      198  01  01      259  53  (
021  00  00       079  01  1       139  06  6       199  50  50      260  71  SBR
022  25  CLR      080  44  SUM     140  32  X:T       200  01  1       261  10  E'
023  69  OP       081  09  09      141  43  RCL      201  09  9       262  54  )
024  00  00       082  44  SUM     142  08  08      202  42  STO     263  95  =
025  42  STO      083  06  06      143  77  GE       203  09  09      264  59  INT
026  07  07       084  97  DSZ     144  01  01      204  05  5       265  55  ÷
027  42  STO      085  03  03      145  67  67       205  61  GTO     266  01  1
028  16  16       086  00  00      146  01  1       206  01  01      267  00  0
029  42  STO      087  75  75       147  07  7       207  91  91      268  00  0
030  17  17       088  69  OP       148  42  STO     208  01  1       269  95  =
031  42  STO      089  20  20      149  09  09      209  44  SUM     270  22  INV
032  18  18       090  61  GTO     150  73  RC*     210  02  02      271  59  INT
033  42  STO      091  00  00      151  02  02      211  92  RTN     272  65  ×
034  19  19       092  22  22      152  68  NOP     212  76  LBL     273  01  1
035  02  2       093  76  LBL      153  42  STO     213  10  E'      274  00  0
036  00  0       094  15  E        154  01  01      214  00  0       275  00  0
037  42  STO      095  58  FIX     155  71  SBR     215  32  X:T     276  95  -
038  02  02       096  02  02      156  10  E'      216  53  (       277  42  STO
039  03  3       097  53  (        157  42  STO     217  43  RCL     278  01  01
040  03  3       098  35  1/X      158  04  04      218  08  08      279  32  X:T
041  71  SBR      099  65  ×       159  01  1       219  75  -       280  25  CLR
042  15  E        100  43  RCL     160  42  STO     220  01  1       281  32  X:T
043  71  SBR      101  00  00      161  01  01      221  54  )       282  67  EQ
044  17  B'       102  65  ×       162  71  SBR     222  42  STO     283  02  02
045  02  2       103  03  3       163  16  A'       223  05  05      284  51  51
046  03  3       104  06  6       164  61  GTO      224  67  EQ      285  71  SBR
047  71  SBR      105  00  0       165  02  02      225  02  02      286  10  E'
048  15  E        106  54  )       166  08  08      226  37  37      287  22  INV
049  71  SBR      107  38  SIN     167  01  1       227  01  1       288  74  SM*
050  17  B'       108  44  SUM     168  06  6       228  65  ×       289  09  09
051  02  2       109  07  07      169  42  STO     229  01  1       290  04  4
052  08  8       110  92  RTN     170  09  09      230  00  0       291  07  7
053  71  SBR      111  76  LBL     171  05  5       231  00  0       292  42  STO
054  15  E        112  17  B'      172  22  INV     232  97  DSZ     293  01  01
055  71  SBR      113  65  ×       173  44  SUM     233  05  05      294  71  SBR
056  17  B'       114  01  1       174  08  08      234  02  02      295  10  E'
057  43  RCL      115  00  0       175  61  GTO     235  28  28      296  61  GTO
                  116  95  =       176  01  01      236  65  ×       297  02  02
                  117  58  FIX     177  50  50       237  43  RCL     298  53  53
                                                    238  01  01      299  92  RTN
                                                                     300  00  0
```

Auf die Erläuterung des eigentlichen Programms wird verzichtet. Benutzt ist das Standard-Software-Modul (Master 1). Dabei werden aber für die Unterprogramme im Hauptprogramm bewußt die gleichen Programmadresstasten gebraucht, die auch für das *Pgm 20 notwendig sind. Es werden 300 PS-Stellen und 24 Datenspeicherplätze $R_{00} - R_{23}$ eingesetzt. $R_{01} - R_{05}$ wird vom *Pgm 20 benötigt. Die Belegung der Konstanten ist aus Tabelle 3-1 zu ersehen.

Start des Programms: Eingabe des Geburtsdatums in der Form MMTT, JJJJ; A. Nach Halt aktuelles Datum genauso eingeben, B. Nach Druck dieses Datums läuft das Programm weiter und druckt die Biorythmen in Form einer Schwingung aus. Jede Zeile benötigt ungefähr 35 Sekunden (siehe Tabelle 3-2). Halt erfolgt mittels Taste R/S.

Die Symbole haben die Bedeutung:

P   physischer Zyklus, Periodenlänge beträgt 23 Tage

E   emotionaler Zyklus, Periodenlänge beträgt 28 Tage

G   geistiger Zyklus, Periodenlänge beträgt 33 Tage

*   Durchschnittswert aller 4 Amplituden

+   Kreuzungspunkt von 2 oder mehreren Schwingungen

Auf der linken Seite befinden sich die negativen Werte, die positiven dagegen auf der rechten Seite. Eine Nullphase (Nullachse) ist nicht berücksichtigt, um im positiven und negativen Bereich ein besseres Auflösungsvermögen zu erhalten.

Ein ähnliches Druckbild läßt sich nach Einbau des Spielmoduls (LE) und Benutzen des Programms 21 erreichen. Soll es fortlaufend als Programm ablaufen, so ist aus Programmsegment 3-3

Tabelle 3—1

```
0.|    00
0.|    01
0.|    02
0.|    03
0.|    04
0.|    05
0.|    06
0.|    07
0.|    08
0.|    09
0.|    10
5.     11
4.     12
3.     13
2.     14
1.     15
0.|    16
0.|    17
0.|    18
0.|    19
22.    20
33.    21
17.    22
51.    23
```

Tabelle 3—2

```
618.1928
229.1980
                    *E            G
                 PE   *           G
                E    P*           G
                      *P   G
                       *          +
          E            *     G    P
        E               *    G     P
      E                 *     G     P
     E                 *    G       P
    E                 *  G         P
   E                 *G          P
  E                 *G       P
  E               *G      P
  E          +           P
   E      + P
  G*+
  GP*        E
   +   *          E
 +     *
 +        *            E
 GP          *             E
  G  P          *             E
   G      P        *            E
    G        P                  E
     G           *              E
      G           +             E
       G        *P            E
                *  P  E
        G      *  EP
         G E*        P
          EG   *      P
         E       *G  P
              *     +
```

Programmsegment 3—3

```
000    36  PGM
001    21   21
002    71  SBR
003    25  CLR
004    91  R/S
005    99  PRT
006    36  PGM
007    21   21
008    11   A
009    91  R/S
010    99  PRT
011    36  PGM
012    21   21
013    12   B
014    36  PGM
015    21   21
016    13   C
017    36  PGM
018    21   21
019    14   D
020    36  PGM
021    21   21
022    15   E
023    36  PGM
024    21   21
025    10   E'
```

zu ersehen, wie verblüffend kurz es ist. Der gebotene Druckkomfort ist bis auf geringe Unterschiede weitestgehend mit dem vorherigen Programm identisch. Da aber dieses Modul nicht zur Verfügung stand, wurde die Programmierung nach der Instruktion und ohne Testlauf vorgenommen. Es wäre vorstellbar, daß nach PSS 025 noch ein unbedingter Sprung zurück nach PSS 014 nötig ist. Beim Drücken der Taste RST kommt es zum Halt.

3.4.2 Umfangreiche Interpretation durch Symbole

Das Programmsegment 3-4 soll neben der in der Überschrift genannten Forderung Möglichkeiten aufzeigen, wie aus den gedruckten Spalten durch eine zielstrebige Auswahl und Zusammenkleben der zyklisch gedruckten Parameter eine größere Tabelle mit einer Vielzahl von Spalten entstehen kann. Derartige Tabellen sind nicht nur übersichtlicher, sondern erleichtern auch das Ziehen von Schlußfolgerungen.

Hintergrund für das im einzelnen nicht näher erläuterte Programm ist die Überprüfung der „Güte" des im Statistik-Modul programmierten Zufallsgenerator (Pgm 02). Bekanntlich kommt es bei einem Zufallsgenerator auf 2 Kriterien an:

- Umfang der Periodenlänge, das heißt, nach wieviel Zyklen wird die ursprüngliche Periode wieder erreicht, wenn die erzeugte Zufallszahl wiederum als Anfangszahl genommen wird.

- Beurteilung auf Gleichverteilung, das heißt in diesem Fall, mit welcher Gesetzmäßigkeit (Gleichverteilung) kommt es zur Erzeugung aller gewünschten Zahlen in einem vorgegebenen Bereich.

Da diese beiden Kriterien sich auf mathematischem Wege nicht berechnen lassen, soll dies mit dem erwähnten Programm überprüft werden. Hierbei sollen Zahlen von 0 bis 9 erzeugt werden. Die Zählung erfolgt auf zugeordneten Speicherplätzen. Tritt die zuerst erzeugte Zahl im Programmlauf wieder auf, wird automatisch abgebrochen und der bis zu diesem Zeitpunkt erreichte Mittelwert ($\bar{x}$), Standardabweichung (S) und Varianz (S^2) ausgewertet. Gleichzeitig wird die Differenz vom statistischen Idealwert (zum Beispiel Mittelwert 4,50) ermittelt und mit dem Zeichen $\triangle$ gekennzeichnet. Diese Auswertung geschieht jeweils getrennt mit der N-1 und der N Gewichtung. Zum Abschluß wird noch die Differenz zwischen tatsächlichen und theoretisch zu erwartenden Variabilitätskoeffizienten (auch als Variationskoeffizienten bezeichnet) berechnet, beim Ausdruck kenntlich gemacht mit dem Symbol $\triangle$V. Anschließend kommt noch die tatsächliche Anzahl der jeweils erzeugten Zahlen 0 bis 9.

Um das Programm bedienungsfreundlich zu machen, wird es nach Drücken von RST mit R/S gestartet. Der Rechner druckt nacheinander 2 Fragen (echter Dialog) und gibt dabei den überhaupt möglichen Zahlenbereich (entspricht der Antwort) mit in die Frage ein.

Beachte: Unter PSS 000 -003 wird Programm 3 aufgerufen. Hierbei handelt es sich nicht um einen Irrtum, sondern die Ausnutzung einer Löschung von $R_{00} - R_{29}$, die dieser Aufruf bewirkt. Dabei sei auf eine Besonderheit noch verwiesen, die darin besteht, daß sich der Inhalt von R_{30} aus dem Inhalt von R_{31} (Umspeicherung) ergibt. Dieses Beispiel zeigt gleichzeitig, daß es nicht nur möglich sondern manchmal auch sinnvoll ist, innerhalb eines Programms verschiedene Software-Programme eines Moduls in den Gesamtlauf mit einzubeziehen.

Dadurch, daß der Druckcode direkter Bestandteil des Programms ist, wirkt es leider sehr unübersichtlich, spart aber Speicherplätze ein. Für das Programm werden die Datenspeicher $R_{00} - R_{29}$ als Arbeitsspeicher benötigt. Konstanten müssen also in diesem Programm nicht bereitstehen. Zum besseren Verständnis der nächsten Ausführungen sei auf die Tabelle 3-3 verwiesen.

Wird beispielsweise nach der ersten Frage eine 2 eingegeben, so quittiert der Drucker seine Antwort mit 0,00. Nach ca. 5 Minuten gibt er die soeben erwähnte Tabelle aus. Diese lange Zeitspanne entsteht dadurch, daß die erste und zweite Zufallszahl die unmittelbar hinter dem Komma stehen, als Vergleichszahlen für die Abbruchbedingung herangezogen werden. Abbruch und Aus-

Programmsegment 3—4

```
      STATISTICS        058  58  FIX      119  65  ×       179  06  06
      2.                059  01  1        120  43  RCL     180  04  4
000   36  PGM           060  00  0        121  08  08      181  06  6
001   03  03            061  45  Yˣ       122  95  =       182  04  4
002   15  E             062  43  RCL      123  59  INT     183  06  6
003   01  1             063  00  00       124  42  STO     184  06  6
004   06  6             064  95  =        125  11  11      185  03  3
005   01  1             065  42  STO      126  71  SBR     186  02  2
006   07  7             066  08  08       127  15  E       187  04  4
007   04  4             067  04  4        128  36  PGM     188  69  OP
008   06  6             068  06  6        129  02  02      189  04  04
009   02  2             069  01  1        130  71  SBR     190  43  RCL
010   04  4             070  03  3        131  88  DMS     191  11  11
011   69  OP            071  02  2        132  42  STO     192  69  OP
012   01  01            072  03  3        133  25  25      193  06  06
013   03  3             073  02  2        134  65  ×       194  07  7
014   00  0             074  07  7        135  43  RCL     195  07  7
015   01  1             075  69  OP       136  08  08      196  03  3
016   03  3             076  01  01       137  95  =       197  01  1
017   02  2             077  04  4        138  59  INT     198  69  OP
018   07  7             078  02  2        139  42  STO     199  04  04
019   03  3             079  03  3        140  14  14      200  43  RCL
020   06  6             080  02  2        141  71  SBR     201  03  03
021   03  3             081  03  3        142  15  E       202  69  OP
022   07  7             082  01  1        143  43  RCL     203  06  06
023   69  OP            083  69  OP       144  11  11      204  04  4
024   02  02            084  02  02       145  32  X:T     205  93  .
025   01  1             085  01  1        146  43  RCL     206  05  5
026   07  7             086  02  2        147  14  14      207  65  ×
027   02  2             087  00  0        148  22  INV     208  43  RCL
028   07  7             088  00  0        149  67  EQ      209  03  03
029   02  2             089  02  2        150  01  01      210  95  =
030   07  7             090  01  1        151  28  28      211  42  STO
031   01  1             091  02  2        152  04  4       212  04  04
032   07  7             092  69  OP       153  06  6       213  02  2
033   03  3             093  03  03       154  04  4       214  08  8
034   01  1             094  01  1        155  06  6       215  93  .
035   69  OP            095  02  2        156  06  6       216  05  5
036   03  03            096  00  0        157  03  3       217  65  ×
037   02  2             097  01  1        158  01  1       218  43  RCL
038   02  2             098  00  0        159  03  3       219  03  03
039   00  0             099  02  2        160  69  OP      220  95  =
040   00  0             100  01  1        161  04  04      221  42  STO
041   06  6             101  00  0        162  43  RCL     222  05  05
042   07  7             102  07  7        163  07  07      223  98  ADV
043   01  1             103  01  1        164  69  OP      224  58  FIX
044   69  OP            104  69  OP       165  06  06      225  02  02
045   04  04            105  04  04       166  04  4       226  06  6
046   25  CLR           106  25  CLR      167  06  6       227  07  7
047   69  OP            107  69  OP       168  04  4       228  69  OP
048   05  05            108  05  05       169  06  6       229  04  04
049   91  R/S           109  91  R/S      170  06  6       230  79  Σ
050   42  STO           110  36  PGM      171  03  3       231  69  OP
051   00  00            111  02  02       172  01  1       232  06  06
052   00  0             112  15  E        173  07  7       233  42  STO
053   58  FIX           113  36  PGM      174  69  OP      234  26  26
054   40  IND           114  02  02       175  04  04      235  07  7
055   00  00            115  71  SBR      176  43  RCL     236  05  5
056   99  PRT           116  88  DMS      177  25  25      237  69  OP
057   22  INV           117  42  STO      178  69  OP      238  04  04
                        118  07  07
```

102

Programmsegment 3—4 Fortsetzung

239	32	X:T	299	61	GTO	359	06	06	419	29	29
240	99	PRT	300	90	LST	360	07	7	420	69	OP
241	75	-	301	76	LBL	361	05	5	421	04	04
242	43	RCL	302	10	E'	362	04	4	422	73	RC*
243	26	26	303	03	3	363	02	2	423	12	12
244	95	=	304	06	6	364	69	OP	424	69	OP
245	94	+/-	305	69	OP	365	04	04	425	06	06
246	69	OP	306	04	04	366	06	6	426	01	1
247	06	06	307	43	RCL	367	03	3	427	44	SUM
248	69	OP	308	27	27	368	93	.	428	12	12
249	00	00	309	69	OP	369	08	8	429	97	DSZ
250	05	5	310	06	06	370	02	2	430	00	00
251	05	5	311	07	7	371	08	8	431	04	04
252	03	3	312	05	5	372	05	5	432	07	07
253	01	1	313	69	OP	373	75	-	433	98	ADV
254	02	2	314	04	04	374	53	(	434	98	ADV
255	00	0	315	32	X:T	375	01	1	435	91	R/S
256	00	0	316	22	INV	376	00	0	436	61	GTO
257	02	2	317	87	IFF	377	00	0	437	01	01
258	05	5	318	01	01	378	65	×	438	28	28
259	06	6	319	03	03	379	43	RCL	439	68	NOP
260	69	OP	320	22	22	380	27	27	440	76	LBL
261	01	01	321	34	√x	381	55	÷	441	15	E
262	69	OP	322	42	STO	382	43	RCL	442	55	÷
263	05	05	323	00	00	383	26	26	443	53	(
264	22	INV	324	99	PRT	384	54	)	444	43	RCL
265	79	x̄	325	75	-	385	95	=	445	08	08
266	24	CE	326	43	RCL	386	69	OP	446	55	÷
267	42	STO	327	27	27	387	06	06	447	01	1
268	27	27	328	95	=	388	92	RTN	448	00	0
269	22	INV	329	94	+/-	389	76	LBL	449	54	)
270	86	STF	330	69	OP	390	90	LST	450	95	=
271	01	01	331	06	06	391	98	ADV	451	59	INT
272	71	SBR	332	03	3	392	22	INV	452	42	STO
273	10	E'	333	06	6	393	58	FIX	453	13	13
274	69	OP	334	07	7	394	01	1	454	29	CP
275	00	00	335	00	0	395	00	0	455	78	Σ+
276	05	5	336	69	OP	396	42	STO	456	43	RCL
277	05	5	337	04	04	397	00	00	457	13	13
278	03	3	338	43	RCL	398	01	1	458	85	+
279	01	1	339	27	27	399	05	5	459	01	1
280	05	5	340	33	X²	400	42	STO	460	05	5
281	06	6	341	69	OP	401	12	12	461	95	=
282	00	0	342	06	06	402	00	0	462	42	STO
283	00	0	343	42	STO	403	42	STO	463	00	00
284	69	OP	344	28	28	404	29	29	464	01	1
285	01	01	345	07	7	405	09	9	465	74	SM*
286	69	OP	346	05	5	406	32	X:T	466	00	00
287	05	05	347	69	OP	407	01	1	467	92	RTN
288	69	OP	348	04	04	408	44	SUM	468	00	0
289	11	11	349	43	RCL	409	29	29			
290	34	√x	350	00	00	410	43	RCL			
291	24	CE	351	33	X²	411	29	29			
292	42	STO	352	99	PRT	412	22	INV			
293	27	27	353	75	-	413	67	EQ			
294	86	STF	354	43	RCL	414	04	04			
295	01	01	355	28	28	415	20	20			
296	71	SBR	356	95	=	416	01	1			
297	10	E'	357	94	+/-	417	01	1			
298	68	NOP	358	69	OP	418	42	STO			

druck der Tabelle also dann, wenn diese Zahlenkombination wiederum in der gleichen Position auftritt. Bei Eingabe einer 2 würde die hinter dem Komma stehende zweiziffrige Zahl (in der Tabelle 0,74) Grundlage des Vergleichs sein. Wird also nach der zweiten Frage eine 2 (Zahl zwischen 0 und 199017) eingegeben, so ist die erste erzeugte Zufallszahl eine 0,7460 (ZZ/A ≙ Zufallszahl/Anfang). Nach dem neunundfünfzigsten Zyklus (ΣN) tritt die Zufallszahl 0,74688 (ZZ/E ≙ Zufallszahl/Ende) auf. ZZ/I 74 ist somit die isolierte Zufallszahl im gewählten Bereich 0 bis 99. Damit ist die Abbruchbedingung gegeben und die Tabelle 3-3 wird vom Rechner mit anschließender statistischer Auswertung ausgegeben. Start danach erneut durch R/S, oder falls das Programm längere Zeit laufen soll, ist auf PSS 435 der dort stehende R/S-Befehl durch einen *Nop-Befehl zu ersetzen.

Statistisch interessant wird es aber erst nach einer weiteren Auswertung. Beispielsweise ist Tabelle 3-4 in dem gewählten Beispiel die zweite (ZN = 92) Auswertung. Nach Tabelle 3-3 wird bei Tabelle 3-4 nur der umrandete Teil ausgeschnitten und als zweite Spalte aufgeklebt. In gleicher Weise wird mit dem dritten Ausdruck (Tabelle 3-5) verfahren und so weiter Auswertung für Aus-

Tabelle 3-3

```
DEZIMALSTELLEN 1-5?
        0.00
ZAHL  VON 0-199017?
        2.
    0.7466       ZZ/A
    0.74688      ZZ/E
       74.       ZZ/I
       59.        ΣN

        4.34      x̄
        4.50
       -0.16      ∧
(N-1)
        2.93      s
        2.90
        0.03      ∧
        8.57      s²
        8.29
        0.18      ∧
       -3.65      ∧V
(N)
        2.90      s
        2.87
        0.03      ∧
        8.43      s²
        8.25
        0.18      ∧
       -3.08      ∧V

        9.        0
        3.        1
        7.        2
        4.        3
        5.        4
       11.        5
        6.        6
        3.        7
        4.        8
        7.        9
```

Tabelle 3-4

```
    0.7466        ZZ/A
    0.74075       ZZ/E
       74.        ZZ/I
     ┌── 92. ──┐   ΣN
     │         │
     │  4.34   │   x̄
     │  4.50   │
     │ -0.16   │   ∧
(N-1)│         │
     │  2.91   │   s
     │  2.89   │
     │  0.03   │   ∧
     │  8.49   │   s²
     │  8.34   │
     │  0.15   │   ∧
     │ -3.35   │   ∧V
(N)  │         │
     │  2.90   │   s
     │  2.87   │
     │  0.03   │   ∧
     │  8.40   │   s²
     │  8.25   │
     │  0.15   │   ∧
     │ -2.99   │   ∧V
     │         │
     │   13.   │   0
     │    6.   │   1
     │   12.   │   2
     │    5.   │   3
     │    9.   │   4
     │   13.   │   5
     │   12.   │   6
     │    5.   │   7
     │    7.   │   8
     │   10.   │   9
     └─────────┘
```

Tabelle 3-5

```
    0.7466        ZZ/A
    0.74403       ZZ/E
       74.        ZZ/I
     ┌── 100. ─┐   ΣN
     │         │
     │  4.41   │   x̄
     │  4.50   │
     │ -0.09   │   ∧
(N-1)│         │
     │  2.90   │   s
     │  2.89   │
     │  0.02   │   ∧
     │  8.43   │   s²
     │  8.33   │
     │  0.09   │   ∧
     │ -1.99   │   ∧V
(N)  │         │
     │  2.89   │   s
     │  2.87   │
     │  0.02   │   ∧
     │  8.34   │   s²
     │  8.25   │
     │  0.09   │   ∧
     │ -1.66   │   ∧V
     │         │
     │   14.   │   0
     │    6.   │   1
     │   12.   │   2
     │    5.   │   3
     │   11.   │   4
     │   15.   │   5
     │   12.   │   6
     │    6.   │   7
     │    8.   │   8
     │   11.   │   9
     └─────────┘
```

wertung. Es ist aus dem Vergleich der statistischen Werte zu ersehen, daß die Verteilung der erzeugten Zufallszahlen immer besser wird. Bei Auswertung $\Sigma N \geqslant 20000$ ist sie schon als ideal zu bezeichnen.

Für denjenigen, der sich in statistische Methoden einarbeitet, bietet die vorliegende Auswertung die Möglichkeit, die wirkenden Zusammenhänge anschaulich zu erkennen und dadurch ein „Gefühl" für derartige Aussagen zu erhalten. Auch wäre es vielleicht ratsam zu untersuchen, wie die Gleichverteilung der an dritter, vierter oder fünfter Stelle erzeugten Zufallsziffer aussieht, und ob möglicherweise noch schneller eine weitestgehende Gleichverteilung zu erreichen wäre.

Der Abstand der Auswertung wächst mit der Größe der nach der ersten Frage eingegebenen Zahl. Bei 5 Stellen hinter dem Komma konnte nach dreitägigem Rechnerlauf (3 x 24 Stunden) noch keine Abbruchbedingung erreicht werden. Ein Hinweis, daß der Zufallsgenerator eine enorm große Periodenlänge besitzt. Zusammen mit der schon erwähnten guten Gleichverteilung kann also nach mehreren Experimenten mit dem Programmsegment 3-4 mit gutem Recht festgestellt werden, daß sich der Zufallsgenerator (Statistik-Modul) in hervorragender Weise für Modellierungsexperimente bzw. Überprüfung von aufgestellten Modellen aus den verschiedensten Bereichen eignet.

3.4.3 Eingabeerleichterungen

Es gibt Software-Programme, denen vor der Ausführung der Berechnung mehrere unterschiedliche Parameter bereitgestellt werden müssen. Bei der Arbeit im Rechenmodus muß dann ständig in Programminstruktionen bzw. deren Kurzfassung nachgeschaut werden. Fehlerquellen schleichen sich dabei oft unbemerkt mit ein. Derartige Software-Programme sind spielend zu handhaben, wenn die Eingabe durch ein schon im Abschnitt 2.3 besprochenes Dialog-Programm geschieht. Als Beispiel sei das Programm 14 (EE 14) aus dem Elektronik-Modul gewählt (Programmsegment 3-5). Auf $R_{14} - R_{29}$ ist der alphanumerische Code (Fragen) in Form von Konstanten vorher unterzubringen (Tabelle 3-6).

Der sachliche Hintergrund für dieses Programm ist die Berechnung der Kapazität von Kondensatoren und die Induktivität der Spulen für ein Tiefpaßfilter. Dabei ist es bei derartigen Filtern prinzipiell das Ziel, daß die Dämpfungskurven möglichst rechteckig verlaufen, das heißt, die Dämpfung soll im Durchlaßbereich steil auf einen bestimmten Mindestwert ansteigen. Hierzu eignet sich das schon angeführte Programm 14 deshalb so gut, weil mit ihm sich sehr schnell verschiedene Varianten theoretisch durchspielen lassen. Prinzipschaltpläne befinden sich bei den Instruktionen zum Programm 14.

Nach der Beendigung der Korrespondenz gibt der Rechner jeweils unterhalb der ganzen Zahlen Werte aus (siehe Tabelle 3-7), die so zu interpretieren sind:

● Werte unterhalb ungerader ganzer Zahlen beziehen sich auf die Kapazität des Kondensators in Farad

● Werte unterhalb gerader ganzer Zahlen beziehen sich auf die Induktivität in Henry.

Da für das Programm 14 (EE 14) auch eine Ausgabevariante vorgesehen ist, die es ermöglicht, die soeben erwähnten Parameter auch einzeln auszugeben — also ohne „automatische" Druckausgabe — ließen sich diese Werte mittels des Programms auch im Vierspaltendruck als Tabelle ausgeben. Hierzu wäre eine vorherige Umwandlung in Nanofarad (nF) und in Millihenry (mH) notwendig. Die Symbole dafür könnten dann in der zweiten und vierten Spalte mit ausgegeben werden. Der Programmieraufwand lohnt aber nur dann, wenn ein Elektroniker mit dieser Problematik häufiger zu tun hat.

Programmsegment 3—5

```
      EE                    058  15   E
        11.                 059  98  ADV
      000  22  INV          060  91  R/S
      001  58  FIX          061  81  RST
      002  01   1           062  00   0
      003  04   4
      004  42  STO
      005  09   09
      006  00   0
      007  03   3
      008  03   3
      009  42  STO
      010  08   08
      011  76  LBL
      012  15   E
      013  04   4
      014  42  STO
      015  00   00
      016  69  OP
      017  00   00
      018  73  RC*
      019  09   09
      020  69  OP
      021  29   29
      022  84  OP*
      023  00   00
      024  97  DSZ
      025  00   00
      026  00   00
      027  18   18
      028  69  OP
      029  05   05
      030  05   5
      031  44  SUM
      032  08   08
      033  25  CLR
      034  91  R/S
      035  99  PRT
      036  83  GO*
      037  08   08
      038  36  PGM
      039  14   14
      040  11   A
      041  61  GTO
      042  15   E
      043  36  PGM
      044  14   14
      045  12   B
      046  61  GTO
      047  15   E
      048  36  PGM
      049  14   14
      050  13   C
      051  61  GTO
      052  15   E
      053  36  PGM
      054  14   14
      055  14   D
      056  36  PGM
      057  14   14
```

Tabelle 3—6

Wert	Nr.
0.!	00
0.!	01
0.!	02
0.!	03
0.!	04
0.!	05
0.!	06
0.!	07
0.!	08
0.!	09
0.!	10
0.!	11
0.!	12
0.!	13
1323270071.	14
1720103146.	15
1730173137.	16
1727.	17
5516145671.	18
3321413122.	19
3116131730.	20
4317272717.	21
3223305671.	22
2200350055.	23
1336364131.	24
133133.	25
5523465671.	26
4117314600.	27
4621351734.	28
22351731.	29
0.	30

Tabelle 3—7

```
      ELEMENTE-ANZAHL ?
           9.
   WELLENDAEMPFUNG (DB) ?
           0.
      ANPASSUNG  R  (OHM) ?
         8000.
   GRENZFREQUENZ  (HZ) ?
         10000.

           1.
      .0000000028

           2.
      .0318309886

           3.
      .0000000122

           4.
      .0598226902

           5.
      .0000000159

           6.
      .0598226902

           7.
      .0000000122

           8.
      .0318309886

           9.
      .0000000028
```

4 Ausblick

Die sinnvolle Ausnutzung von indirekt ausgeführten Befehlen und der gezielte Einsatz von Software-Programmen bei AOS-Rechnern sowie ein schon bei der Programmierung angestrebter Bedienungskomfort tragen ohne jeden Zweifel dazu bei, das Programmierniveau zu heben und sich neue Anwendungsmöglichkeiten zu erschließen. Wenn dieses Buch hierzu Anregungen und Hilfestellungen geliefert hat, hat es seinen Zweck erreicht. Dabei bleiben ohne jeden Zweifel noch viele Fragen offen. Und rückblickend möchte der Autor so manches Programm, das als Beispiel ausgewählt wurde und zur Demonstration dient, durch ein noch aussagekräftigeres ersetzen. Und gerade deshalb ist die Programmierung so faszinierend, weil immer dann, wenn ein Programm fertig ist, noch bessere Varianten sichtbar werden. Auch aus diesem Grunde ist der Autor für jeden Verbesserungshinweis dankbar, der die Möglichkeit der Einarbeitung in dieses spezielle „Spiel der Logik" den Lesern und allen Interessierten erleichtert.

Sachwortverzeichnis

Adressenmodifikation 8
Ausblick 107
Ausgabe, komfortable 98

Biorythmus-Programm 99

Chi-Quadrat-Test 30
Code-Variante (Beispiel) 39
Codierungsprogramm 80, 81

Dezimalcode-Variante 38
Dialog, echter 71
—, Programm 84
—, realisieren 85
Dialogvarianten 84
Division durch Null 28, 29
Druckbilder 88
Druckkonstante 70
Dsz-Testbefehl 52

echter Dialog 85
Eingabeerleichterung 105

Flag-Nummer-Test-Befehl 62
— Setz-Befehl 62

Genauigkeitsschranke 51
gleichförmige Wandlung 26

Indexregister 4, 5, 55
Indexvariable 4, 5, 55
Ind Taste 4
indirekte(r) Adressen-Dsz-Test 54, 59
— alphanumerisches Drucken 69
— arithmetische Registerbefehle 24
— Befehle (kombiniert) 6
— bedingte Sprungbefehle 46
— Code 68
— Dsz-Befehl 54
— Einschritt-Speicherung 8
— Festkommaeinstellung 72
— Flag-Rücksetz-Befehl 63
— Flag-Setz-Befehl 63
— Flag-Test-Befehl 64
— GTO-Befehl 36
— Operationsbefehl 68
— Programmieren (Definition) 4
— Register-Dsz-Test 54, 56
— Register- und Adressen-Dsz-Test 54, 61
— Speicheraddition 25
— Speicheraufruf 10
— Speicheraustausch 16

— Speicherbefehle 7
— Speicherdivision 28
— Speichermultiplikation 28
— Speicherung 8
— Speichersubtraktion 27
— Sprungbefehle 35
— Steueroperationen 69
— Unterprogrammsprung 41
— Zweischritt-Speicherung 9
— x = t Test 47
— x $\geq$ Test 47
Interpretation durch Symbole 101
Iterationsprogramm 49, 50

Laufindex 55
— (Zählvariable) 10

Mehrfeldertafel 30, 31

Null-Test 52

Parallelbetrieb 74
Parameterausgabe (komfortable) 98
Periodenlänge des Zufallsgenerator 101
Plotten 75
Programmanipulation 12
Programmorganisation 2, 74
Programmzeiger 41

Realisierung eines Dialogs 85
Rücksprungregister 41

Schieberegister (simuliert) 16, 17
Sinusschwingung-Programm 99
Software-Modul-Programm einbauen 94, 95
Solid-State-Software-Steckmodule 94
Sortierprogramm 16, 17

Tabellen zusammenkleben 104
Transformierung 9
T-Register-Operation 34, 35
T-Register-Vergleichstest (indirekt) 46
Trace-Modus 68, 74

Versetzter Druck 93
Vierspaltendruck 88

Zählvariable 55
Zählvariable (Laufindex) 10
Zeichen am Rande (Op06) 78
Zufallsgenerator, Güte des 101

Anwendung
programmierbarer Taschenrechner

Band 3/I + II

Mathematische Routinen der Physik, Chemie und Technik für AOS-Rechner

von Peter Kahlig

Teil I. Mit 129 Beispielen, 71 Abb., 34 Tab. und einem Anhang: Universelle Sonderprogramme zum Zeichnen und Drucken. 1979. VI, 178 S. DIN C 5. Kart.

Teil II. Mit 14 Programmen, 137 Beispielen, 71 Abb., 16 Tab. und einem Anhang: Anleitungen zum logarithmischen Plotten von Kurven und Programmen zur Erzeugung von Fehlerkurven zu Funktionsroutinen. 1980. VIII, 180 S. DIN C 5. Kart.

Band 4

Statik — Kinematik — Kinetik für AOS-Rechner

von Harald Nahrstedt

Mit 30 vollständigen Programmen, 140 Abb. und 60 Tab. 1980. VIII, 149 S. DIN C 5. Kart.

Band 5

Numerische Mathematik — Programme für den TI-59

von Jürgen Kahmann

2. durchges. Auflage 1981. VII, 155 S. DIN C 5. Kart.

Band 7

Festigkeitslehre für AOS-Rechner (TI-59)

von Harald Nahrstedt

Mit 42 vollständigen Programmen, 116 Abb. und 49 Tab. 1981. VIII, 137 S. DIN C 5. Kart.

Band 9

Maschinenelemente für AOS-Rechner

von Harald Nahrstedt

Teil I. Grundlagen, Verbindungselemente, Rotationselemente. Mit 17 vollständigen Programmen, 90 Abb. und 42 Tab. 1981. VI, 171 S. DIN C 5. Kart.

Aus unserem Taschenrechner-Programm

Hans H. Gloistehn

Mathematische Unterhaltungen und Spiele mit dem programmierbaren Taschenrechner (AOS)

1981. X, 204 S. DIN A 5. Kartoniert

Inhalt: Würfelspiele — Diophantische Probleme — Ratespiele — Einige Probleme aus der numerischen Mathematik — Einige Probleme mit Zufallszahlen — Zahlen- und Anordnungsbeispiele — Der Taschenrechner als Simulant.

Das Buch zeigt den programmierbaren Taschenrechner als „Mitspieler". Nicht der Automat, in den fertige Programme eingetastet werden, ist gefragt. Das Buch bringt vielmehr zahlreiche Probleme aus der Unterhaltungsmathematik und entwickelt dafür geeignete „Lösungsprogramme". Ein vertieftes mathematisches Verständnis ist dafür nicht erforderlich.

Hans G. Gloistehn

Lehr- und Übungsbuch für den TI-58 und TI-59

3. verb. Aufl. 1981. IV, 150 S. 12 X 19,5 cm (Programmieren von Taschenrechnern, Bd. 3). Kartoniert

Inhalt: Anleitung zum Programmieren mit dem TI-58 und TI-59: Manuelles Rechnen/Programmaufbau und Programmherstellung/Verzweigungen/Unterprogramme/Der Drucker PC 100 A — Programmbeispiele aus der Mathematik und Technik.

Dieses Lehr- und Übungsbuch führt den Leser in das Programmieren von Taschenrechnern ein, ohne daß Kenntnisse auf diesem Gebiet vorausgesetzt werden. Der Leser lernt die Programmiertechnik und die Fähigkeit, mathematische und technische Probleme zu formulieren und in die Sprache des Rechners umzusetzen.
Anhand vieler Beispiele aus der Mathematik und Technik wird gezeigt, wie die Programmiertechnik angewendet wird. Zahlreiche Übungsaufgaben geben dem Leser die Gelegenheit, sein gelerntes Wissen zu überprüfen oder zu festigen. Das Buch wendet sich vorwiegend an Studenten an Fachhochsculen und Universitäten und an Lehrer und Schüler der Sekundarstufe II.